Estratégia, operações e inovação
Paradoxo do Crescimento

Dados Internacionais de Catalogação na Publicação (CIP)
(Câmara Brasileira do Livro, SP, Brasil)

Tadeu, Hugo
 Estratégia, operações e inovação : paradoxo do
    crescimento/ Hugo Ferreira Braga Tadeu e Fabian
    Salum. -- São Paulo : Cengage Learning, 2012.

    Bibliografia.
    ISBN 13: 978-85-221-1223-4

    1. Cadeia de suprimentos - Administração de
 materiais 2. Compras 3. Distribuição - Canais
 4. Estoques 5. Inovações tecnológicas 6. Logística
 (Organização) 7. Planejamento estratégico 8. Tecnologia
 da informação I. Tadeu, Hugo Ferreira Braga.
 II. Título.

12-09252   CDD-658.5

Índices para catálogo sistemático:

1. Cadeia de suprimentos : Logística : Administração de empresas
   658.5
2. Logística empresarial : Administração de empresas 658.5

Hugo Ferreira Braga Tadeu
Fabian Ariel Salum

Estratégia, operações e inovação
Paradoxo do Crescimento

Austrália • Brasil • Japão • Coreia • México • Cingapura • Espanha • Reino Unido • Estados Unidos

Estratégia, operações e inovação: paradoxo do crescimento
Hugo Ferreira Braga Tadeu e Fabian Ariel Salum

Gerente editorial: Patricia La Rosa

Supervisora editorial: Noelma Brocanelli

Editora de desenvolvimento: Marileide Gomes

Supervisora de produção gráfica: Fabiana Alencar Albuquerque

Copidesque: Ricardo Franzin

Revisão: Márcia Elisa Rodrigues e Mônica de Aguiar Rocha

Editora de direitos de aquisição e iconografia: Vivian Rosa

Pesquisa iconográfica: Ana Maria Parra

Diagramação: ERJ Composição Editorial

Capa: Thiago Lacaz

© 2013 Cengage Learning Edições Ltda.

Todos os direitos reservados. Nenhuma parte deste livro poderá ser reproduzida, sejam quais forem os meios empregados, sem a permissão, por escrito, da Editora. Aos infratores aplicam-se as sanções previstas nos artigos 102, 104, 106, 107 da Lei nº 9.610, de 19 de fevereiro de 1998.

Esta editora empenhou-se em contatar os responsáveis pelos direitos autorais de todas as imagens e de outros materiais utilizados neste livro. Se porventura for constatada a omissão involuntária na identificação de algum deles, dispomo-nos a efetuar, futuramente, os possíveis acertos.

Para informações sobre nossos produtos, entre em contato pelo telefone **0800 11 19 39**

Para permissão de uso de material desta obra, envie seu pedido para **direitosautorais@cengage.com**

© 2013 Cengage Learning. Todos os direitos reservados.

ISBN 13: 978-85-221-1223-4
ISBN 10: 85-221-1223-1

Cengage Learning
Condomínio E-Business Park
Rua Werner Siemens, 111 – Prédio 20 – Espaço 04
Lapa de Baixo – CEP 05069-900
São Paulo –SP
Tel.: (11) 3665-9900 – Fax: 3665-9901
SAC: 0800 11 19 39

Para suas soluções de curso e aprendizado, visite
www.cengage.com.br

Impresso no Brasil
Printed in Brazil
1 2 3 4 5 6   15 14 13 12

Dedico este livro, a minha esposa, Marcela Braga, por todo o amor, carinho e amizade. Para o nosso filho que está a caminho e por toda a felicidade que ele nos reserva.

Hugo Ferreira Braga Tadeu

Dedico este trabalho, registrado em algumas páginas, ao meu filho Pedro, que me demonstrou força e fé no momento crucial de sua vida. Esta obra foi produzida durante o registro do esforço e da superação pela sua vida.

À minha esposa, Rachel, pela sua contínua e ininterrupta fé em preservar nossa família.
Aos meus filhos, Júlia e Pedro, frutos de um profundo orgulho que tenho por serem meus filhos.

Fabian Ariel Salum

Prefácio

A FDC – Fundação Dom Cabral tem a satisfação de levar a empreendedores, gestores de empresas em cargos de liderança e a estudantes de mestrado, MBA e graduação mais um livro escrito por professores e pesquisadores que buscam atender às necessidades atuais de desenvolvimento sustentável de suas organizações.

Na preparação deste livro, os professores Hugo Ferreira Braga Tadeu e Fabian Ariel Salum basearam-se nas principais teorias de administração e, sobretudo, no resultado de pesquisas e constatações feitas junto ao universo empresarial brasileiro para concluir que a união entre a estratégia empresarial, operações e inovação é desejada pelo mercado. Neste contexto, destacam-se as empresas que participam de programas da FDC, como o PAEX (Parceiros para a Excelência) e o PCSS (Parceria para o Crescimento Sustentado e Sustentável), e uma amostra significativa de executivos participantes em nossos programas customizados.

Os autores entrevistaram presidentes e dirigentes de primeiro escalão de empresas que estão sempre em busca das melhores práticas, entre elas Embraer, Fiat, Magnesita, Séculus Relógios e Usina de Álcool e Açúcar Caeté, além de promoverem constantes debates, em busca de orientação sobre a melhor estrutura do livro, com os professores Luiz Eduardo e Carlos Arruda, também da FDC.

O objetivo do trabalho, conforme exposto pelos autores, é oferecer aos leitores nova forma de pensamento sistêmico para a tomada de decisão, com vistas ao crescimento sustentável e à longevidade dos negócios.

Temos defendido na FDC que a empresa que aspira à longevidade deve ter disposição para se reinventar continuamente e de atuar de modo a se manter sempre útil à construção da sociedade. Para isso, é preciso compreender que o processo de evolução depende dessa disposição permanente de aprender e inovar, o que é feito recorrendo-se à teoria e à prática, à academia e ao mercado.

Este livro oferece essa oportunidade ao abordar, a partir de uma escuta atenta das necessidades e soluções encontradas nas empresas pesquisadas, questões como logística, cadeia de valor e competitividade, gestão de processos e inovação, entre muitas outras, que os leitores descobrirão e poderão relacionar com sua própria experiência durante a leitura da obra.

Será, certamente, uma leitura muito agradável e produtiva.

Emerson de Almeida
Presidente da Diretoria Estatutária da Fundação Dom Cabral
(2011)

Apresentação

Ao fazer a apresentação deste livro, escrito pelos jovens e experientes professores **FABIAN SALUM** (natural de Buenos Aires, técnico eletricista, engenheiro mecânico, mestre em Administração, executivo, professor da Fundação Dom Cabral e amante das coisas de Minas Gerais, onde vive há mais de três décadas com sua mulher, filha e filho mineiros) e **HUGO TADEU** (natural do Rio de Janeiro, administrador, doutor em Engenharia, pós-doutor em Transportes, com raízes ancestrais nas montanhas das Minas Gerais, onde atualmente mora com sua esposa mineira), vou contar-lhes o "causo"* de como nasceu esta obra, como as ideias foram sendo construídas, como foi escrita e como foi o desafio de escrever um livro sobre casos brasileiros.

Eis o resumido "causo":

Tudo começou quando os autores foram movidos a registrar experiências vividas principalmente nas salas de aula e nas monitorias aplicativas em empresas parceiras da Fundação Dom Cabral ao longo dos anos de 2006 a 2010.

Por volta de março de 2010, retornando das constantes viagens pelo Brasil, trocaram ideias quanto à necessidade de escrever um livro em que a teoria e a prática pudessem se unir de forma simples (nada fácil essa união, digo de passagem!) e em que executivos brasileiros tivessem a oportunidade de, como eles, ter acesso a casos reais e de sucesso na aplicação das teorias da estratégia empresarial, logística e processos, com foco na cadeia de valor.

No decorrer de seis meses, com recursos próprios, trabalhando nas poucas horas vagas e nos finais de semana, marcando e fazendo entrevistas com executivos e dirigentes das empresas nos poucos horários disponíveis e, claro, contornando as dezenas de, digamos, pequenas discussões amigáveis entre professores apaixonados, escreveram e apresentaram-me a versão final em meados de 2011.

Após ler a última versão, vieram as surpresas contidas no livro:

- Fácil, simples, objetivo e agradável de se ler. Mesmo os logísticos, jovens há mais tempo como eu, se surpreenderão com os relatos apresentados e suas conexões com o mundo acadêmico.

---

* Causo: jeito mineiro de contar um caso. Mineiro é aquele que nasce em ou pensa e age como Minas Gerais.

- Provocativo e por vezes polêmico em algumas análises e observações.
- Apresenta casos brasileiros descritos por executivos e dirigentes que executaram a aplicação das teorias. Mesmo hoje são poucos os bons livros de logística que abordam experiências reais desenvolvidas abaixo do Equador.
- Contém ferramentas de como fazer e aplicar nos negócios boa parte dos conceitos criados pela academia
- Fala de sustentabilidade no ambiente da gestão de operações e logística, sendo um tema ainda em construção.

Mas, fundamentalmente, comprova a tese de um pensador da Fundação Dom Cabral: "A empresa também tem conhecimento". E foi isso que fizeram: buscaram o conhecimento onde ele também existe – nas empresas, no mundo dos negócios, no chão da fábrica e nos escritórios administrativos!

Fim do "causo"!

Apresento a vocês conhecimento gerado em empresas brasileiras por executivos e dirigentes brasileiros e, claro, por professores brasileiros e mineiros de fato.

Boa leitura,

Prof. Luiz Eduardo Ferreira Henriques
Professor e Diretor Administrativo e Financeiro
da Fundação Dom Cabral

Sumário

1

Alinhamento estratégico e gestão de operações 1

Organizações voltadas para o alinhamento estratégico 3

Alinhamento estratégico 8

    Pensamento estratégico 13

    Alinhamento estratégico em termos operacionais 15

    Implementando a estratégia 17

    Processos organizacionais unificados 18

    Criando uma estratégia de longo prazo 21

Estudo de caso – Azul Linhas Aéreas 22

Exercícios propostos 25

2

Cadeia de valor e competitividade 27

A importância da cadeia de valor 29

    Ambiente, cultura organizacional e vantagem competitiva 30

    Vantagem competitiva e cadeia de valor 32

    Inteligência competitiva e cadeia de valor 33

    A importância da inteligência competitiva para a estratégia organizacional 35

    Inteligência competitiva e gestão de operações 36

    Maximização dos resultados e cadeia de valor 39

Estudo de caso – Embraer 41

Exercícios propostos 43

3

Gestão de processos e inovação 45

As organizações e o alinhamento estratégico 47

    Alinhamento organizacional 49

    A característica de formação de processos 51

    Aperfeiçoamento de processos 54

    Inovação nas organizações 56

    Afinal, o que é inovação? 58

    Inovação como modelo estratégico 60

        Cultura da inovação 61

        Gestão da inovação 61

        Gestão de processos 62

        Indicadores de processos inovadores 63

        Tipos de inovação 63

        Meios para inovar 64

        Grau de inovação 66

Estudo de caso – Alstom Grid 69

Exercícios propostos 71

4

Integração de processos para a gestão de operações 73

Integração como função estratégica 75

Conceito de integração de processos 75

Gestão de operações e o ambiente de negócios 76

    Mudanças no ambiente de negócios 77

    Mudanças do ambiente externo e impacto nos negócios 78

    Mudanças no ambiente interno *versus* mudanças no ambiente externo 80

Gestão de operações e cadeia de suprimentos 82

Gestão da cadeia de suprimentos e interdisciplinaridade de processos 84

Multidisciplinaridade de processos e atividades básicas 88

Aplicações do modelo SCOR para a gestão de operações 96

Estudo de caso – Fiat Automóveis 98

Exercícios propostos 101

5

Integração entre suprimentos e planejamento da demanda 103

Suprimentos e demanda – importância estratégica 105
    Importantes aspectos técnicos 106
    Modelagem aplicada 108
    Equações propostas 109

Conclusões e recomendações 115

Estudo de caso – Seculus Relógios 115

Exercícios propostos 118

6

Previsão de demanda 119

Introdução 121
    Previsão de demanda e a regressão linear aplicada a estoque .. 123
    Aplicação real para a regressão linear 124
    Levantamento de dados 125
    Utilizando o Excel 127

Conclusões e recomendações 131

Estudo de caso – Varejista 132

Exercícios propostos 133

7

Adoção de modelos financeiros para a gestão de estoques .. 135

Introdução 137

Previsão de demanda e a gestão de estoques 138

Gestão colaborativa e a integração na cadeia de valor 140

Adicionando valor às operações e o custo financeiro dos estoques 142

Métodos quantitativos aplicados 145

Estudo de caso 146

A quantidade no ponto de equilíbrio – Q_{PE} 147

Otimizando as compras pelo lote econômico de compras – LEC 148

Conclusões do caso hipotético 152

Estudo de caso – Usinas Caeté 153

Exercícios propostos 155

8
A Gestão de risco no gerenciamento de estoques 157

Introdução 159

Análises econômicas e as suas exigências 161

Planejamento e a previsão de demanda 164

    Gestão de riscos aplicada na previsão de demanda 165

Caso prático – Têxtil S/A 166

Avaliação de riscos financeiros aplicados nas decisões de produção 171

Caso prático – Têxtil S/A – continuação 172

Conclusões para a "Têxtil S/A" 180

Exercícios propostos 181

9
Métodos quantitativos aplicados na gestão do transporte rodoviário 183

Introdução 185

Fundamentos para a gestão do transporte rodoviário 185

    Métodos quantitativos aplicados à gestão do transporte rodoviário 189

    Métodos quantitativos aplicados 190

Estudo de caso – Transporte Rodoviário 193

Exercícios propostos 194

10
Gestão de operações e sustentabilidade **195**

Introdução 197

Os desafios à gestão de operações 198

Estratégia, operações e inovação no contexto sustentável 201

Considerações finais 205

Estudo de caso – Magnesita 206

Exercícios propostos 209

Referência Bibliográfica 211

Alinhamento estratégico e gestão de operações

1

Objetivos do capítulo

- Apresentar o alinhamento estratégico como condição essencial para uma conduta organizacional adequada.
- Apresentar a cadeia de valor como modelo essencial para o alinhamento de processos.
- Propor um novo modelo para a cadeia de valor, incluindo conceitos como sustentabilidade, margem, lucro e inovação.
- Pensar no planejamento estratégico, seu entendimento conjunto ao conceito do cubo mágico e a sua proposta de valor.
- Apresentar o estudo de caso da Azul Linhas Aéreas como um modelo de alinhamento estratégico entre as suas operações e as demandas de mercado.

Você está no seguinte item em destaque, conforme o mapa mental proposto:

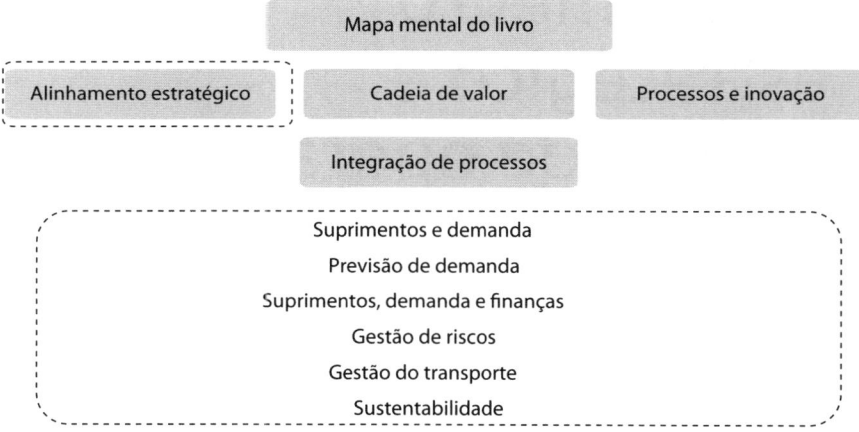

Fonte: Autores (2012).

Figura 1.1 Mapa mental do livro.

Perguntas provocadoras

- Qual o planejamento estratégico das organizações?
- Qual a análise do mercado, dos concorrentes e das demandas consumidoras?

- Qual a análise dos riscos associados ao negócio?
- Qual o nível de serviço esperado pelos clientes?

Organizações voltadas para o alinhamento estratégico

Segundo Kaplan e Norton (2000), a capacidade de executar a estratégia é mais importante que a qualidade da estratégia pensada e aprovada em sua origem. Segundo os mesmos autores, "10% das estratégias formuladas na década de 1980 foram implementadas com êxito". Para Porter (1989), a capacidade de executar a estratégia de fato é muito mais importante do que as estratégias formuladas, colaborando com a primeira citação. Em 1999, a revista *Fortune* publicou um editorial afirmando que em torno de 70% das empresas e seus presidentes não conseguiam entender que o verdadeiro problema da conduta organizacional era a má execução da estratégia e o seu alinhamento com as gerências intermediárias, em busca da coordenação plena de funções.

Logo, por que será que essas empresas passam por tantos problemas de gestão estratégica e alinhamento organizacional? A resposta é muito simples. Toda e qualquer organização deveria pensar primeiro, como uma primeira lição, em desenvolver as suas estratégias de maneira transparente, para a compreensão de todos os níveis hierárquicos, desde a direção no topo até o nível tático e operacional. Ou seja, deveria ser seguido um ditado popular, "regra simples é regra fácil", em busca de maior transparência, execução de funções e indicadores de desempenho cruzados entre áreas de trabalho. A segunda lição é atuar pelo exemplo, para que todos os níveis da organização executem com perfeição as suas atividades, segundo metas previamente estabelecidas e constantemente revisadas. E, terceira lição, que seja desenvolvido um plano para medir desempenho, com a utilização de métodos de gestão já conhecidos, como o ciclo PDCA da qualidade total, conforme a Figura 1.2.

Os objetivos do ciclo PDCA são: (i) planejamento, envolvendo uma avaliação de possíveis pontos fracos e ameaças, em busca de indicadores sustentáveis, e o estudo adequado para a melhor solução, com metas de curto e longo prazo consistentes; (ii) execução, relacionando-se a formação adequada dos gestores com o correto acompanhamento das operações; (iii) checagem, em busca de possíveis desvios de conduta das etapas anteriores; e (iv) ação, como um instrumento de correção e busca por caminhos sustentáveis ao negócio.

Em função da Figura 1.2, pode-se avaliar a evolução do planejamento empresarial quanto à gestão de operações. Conforme a Figura 1.3, torna-se relevante para as organizações o pensamento de que as análises de mercado, a utilização de indicadores de desempenho e o foco no cliente são essenciais para os modelos estratégicos.

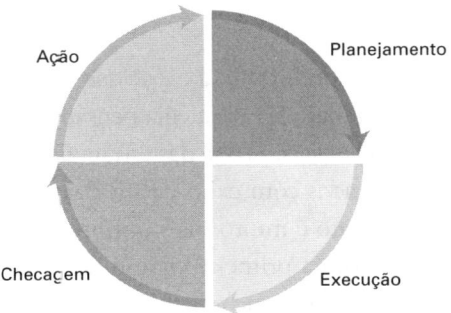

Fonte: Autores (2012).

Figura 1.2 Ciclo PDCA da qualidade total.

Como resposta à proposta da Figura 1.3, apontam-se o dinamismo dos mercados e a necessidade de respostas rápidas aos clientes. Nesse caso, torna-se imperativo responder às seguintes perguntas: qual a análise do mercado? Qual a importância da gestão de operações? Estaria a gestão de operações representada na estrutura organizacional das organizações?

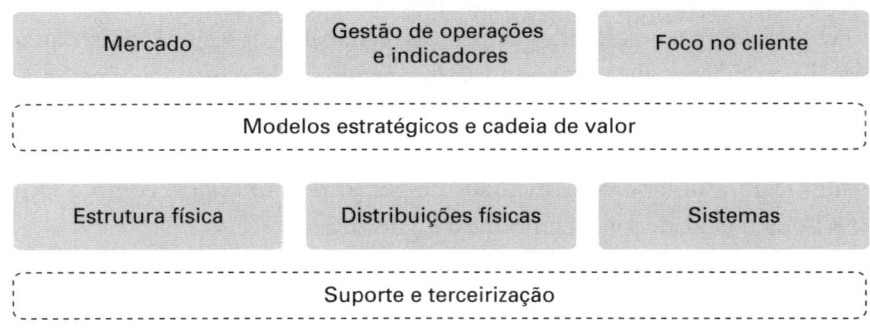

Fonte: Autores (2012).

Figura 1.3 Evolução da gestão de operações.

Em resposta à primeira pergunta, percebe-se um constante movimento de crescimento da atividade econômica mundial, com forte destaque para a produtividade e competitividade das organizações. Basta observar a influência da China nos mercados mundiais, impactando a geração de emprego, inflação, juros e a capacidade de resposta dos países quanto a infraestrutura, impostos e educação. Nesse caso, qual seria a resposta das organizações em relação a geração de caixa, margens ideais e longevidade?

Pesquisas recentes revelam que o mercado empresarial brasileiro vem passando por diversos problemas em função da sua abertura internacional, mas, essencialmente, quanto à sua capacidade de gestão, podendo-se citar os setores:

- Automobilístico: excesso de estoques e vendas não realizadas.
- Siderúrgico: pressão por preços devido à entrada de aço espanhol e chinês.
- Aviação: pressão por custos menores e passagens mais baratas.
- Educacional: busca por mensalidades mais baratas e um processo de consolidação setorial, com fusões e aquisições.
- Operadores logísticos: entrada de investidores internacionais, profissionalizando o segmento.
- Energia: pressão tarifária, busca por maior eficiência e gestão privada, em comparação ao modelo outrora público.
- Mídia: queda nas vendas e busca por inovações incrementais.
- Hospitalar: elevados custos com pessoal, destacando-se o percentual para pagamento da folha de pagamento e o processo de verticalização dos planos de saúde.

Logo, como esses setores poderiam alinhar os seus processos, em busca de uma resposta mais rápida às dinâmicas de mercado? Porter (1989) tornou relevante o conceito da cadeia de valor, em que o diferencial competitivo estaria na gestão dos ativos intangíveis, fruto da revolução tecnológica baseada na gestão do conhecimento e na geração de valor para o cliente. Nesse sentido, as organizações vêm enfrentando sérias dificuldades no gerenciamento de suas operações. Portanto, torna-se relevante estudar o modelo da cadeia de valor, conforme a Figura 1.4.

Conforme a Figura 1.4, é possível entender que toda e qualquer organização possui as atividades primárias como foco em suas operações. Apesar da proposta inicial de Porter (1989), onde está escrito "logística", pode-se entender "operações", para uma visão tanto industrial quanto de serviços. Logo, que organização não trabalha em busca do alinhamento adequado dos seus processos internos e externos? Para organizar esses processos, as atividades secundárias são essenciais como suporte para o desdobramento estratégico. Para tanto, é essencial possuir a infraestrutura operacional adequada, pessoal capacitado e motivado, tecnologia da informação customizada e capacidade de compras ajustada.

Fonte: Adaptado de PORTER (1989).

Figura 1.4 Cadeia de valor.

Pesquisas conduzidas pela Fundação Dom Cabral (FDC) indicam que a área de operações seria a mais importante, tanto para o critério custos como para a eficiência nos pedidos dos clientes. É possível identificar essa relevância ao compreendermos a importância em relação às demais atividades da cadeia de valor. Em segundo lugar, destaca-se a área de marketing, seguida da gerência de recursos humanos. Compreende-se que o bom relacionamento entre a área de operações e a de marketing pode trazer uma série de benefícios, como a capacidade de entrega ao cliente, evitando-se custos como o da falta de produtos e riscos financeiros às empresas por falhas de planejamento. Um típico problema é a venda de produtos ou serviços, sem o alinhamento interno entre a capacidade de suprimentos ou de execução por áreas correlatas.

Por meio dos estudos realizados, pode-se desenvolver uma nova cadeia de valor, inserindo conceitos como sustentabilidade, cultura, lucro e margem de contribuição. Não seria prudente avaliar a cadeia de valor sem entender esses critérios de decisão. Por mais que as organizações tenham indicadores de desempenho, como mensurar a importância da cultura organizacional e da busca pela sustentabilidade?

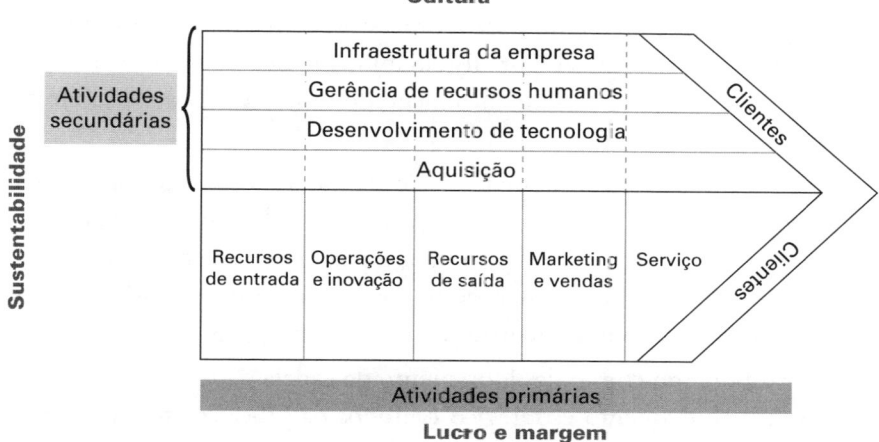

Fonte: Adaptado de PORTER (1989).

Figura 1.5 Cadeia de valor sustentável.

No entanto, a cadeia de valor ainda poderia ser revisada por meio de um novo modelo com foco em serviços. A proposta central consiste em inverter as atividades primárias e secundárias, de forma a atender as empresas de serviços, segundo a Figura 1.6.

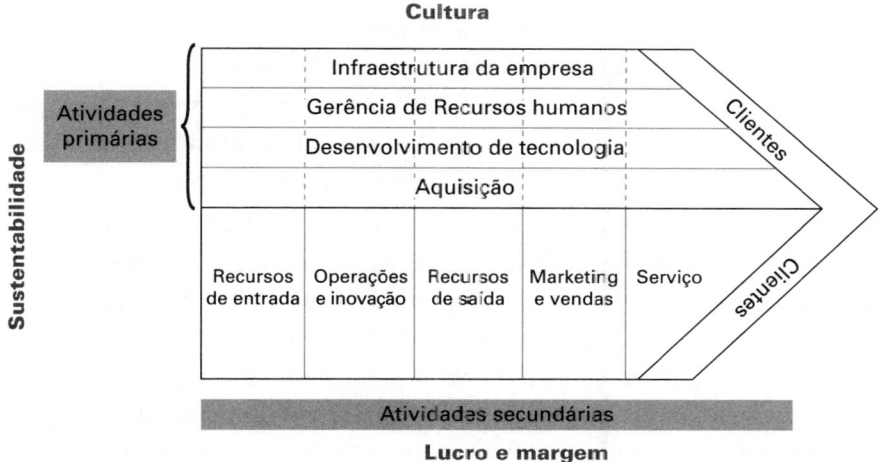

Fonte: Adaptado de PORTER (1989).

Figura 1.6 Cadeia de valor para serviços.

O grande passo da cadeia de valor pode ser percebido, a partir da Figura 1.7, por intermédio da inovação e processos, com a busca constante por design de novos produtos e por sustentabilidade de negócios, isto é, pela redução de riscos, no entendimento pleno do ciclo de vida dos produtos e meio ambiente.

Para o nível de serviço adequado, o pensamento focado na previsão de demanda, no relacionamento comercial e na análise constante dos concorrentes é primordial. No entanto, dois aspectos críticos para a cadeia de valor estão relacionados à gestão de pessoas para a execução adequada de todas as funções propostas até o alinhamento estratégico.

Corroborando com o desdobramento da cadeia de valor, a Figura 1.8 propõe um alinhamento estratégico de todos os processos relacionados à gestão de operações, com foco no mercado, no melhor desenho de processos e nas suas atividades relacionadas.

Logo, como propor um estudo para a cadeia de valor e a realização do alinhamento estratégico para as organizações?

Alinhamento estratégico

O primeiro passo para qualquer organização é identificar sua *core competence*, ou competência central. A pergunta que os gestores devem ter em mente é: qual a razão da existência da organização? Para quê ela existe e qual o seu público consumidor? Se essa organização é uma escola, a sua razão de ser é a educação e o seu público consumidor, seus alunos, por mais capitalista que essa visão pareça, sem que tal organização se exima de valores e dos pilares da formação do indivíduo, por exemplo.

Em uma segunda análise, se a organização é um banco, o seu foco é a prestação de serviços financeiros e seu público consumidor, as pessoas físicas e jurídicas que queiram usufruir dos produtos bancários. Em última análise, se a organização é do setor petrolífero, ela tem como razão explorar e produzir petróleo, para atender ao consumidor de derivados de petróleo, como óleo diesel, gasolina, e até mesmo a indústria petroquímica. Ou seja, para qualquer setor da economia, o pensamento estratégico tem a mesma origem e o mesmo foco: qual a razão da sua existência e qual seu público consumidor? Contemplando essa etapa, as organizações devem identificar que tipo de estratégia querem ver reconhecidas. Logo, são três as estratégias genéricas identificadas e desenvolvidas pelo mercado, segundo Porter (1989):

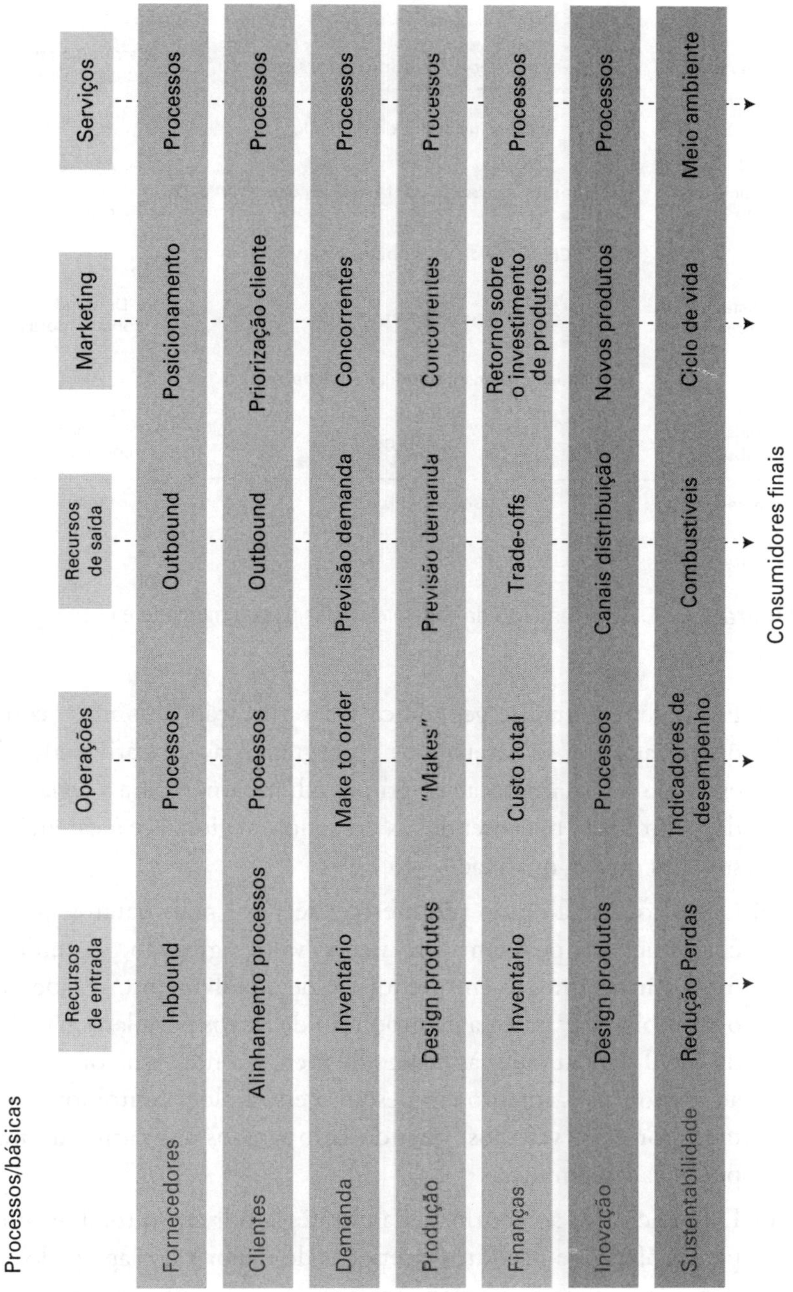

Processos/básicas	Recursos de entrada	Operações	Recursos de saída	Marketing	Serviços
Fornecedores	Inbound	Processos	Outbound	Posicionamento	Processos
Clientes	Alinhamento processos	Processos	Outbound	Priorização cliente	Processos
Demanda	Inventário	Make to order	Previsão demanda	Concorrentes	Processos
Produção	Design produtos	"Makes"	Previsão demanda	Concorrentes	Processos
Finanças	Inventário	Custo total	Trade-offs	Retorno sobre o investimento de produtos	Processos
Inovação	Design produtos	Processos	Canais distribuição	Novos produtos	Processos
Sustentabilidade	Redução Perdas	Indicadores de desempenho	Combustíveis	Ciclo de vida	Meio ambiente

→ Consumidores finais

Fonte: Autores (2012).

Figura 1.7 Desdobramento da cadeia de valor.

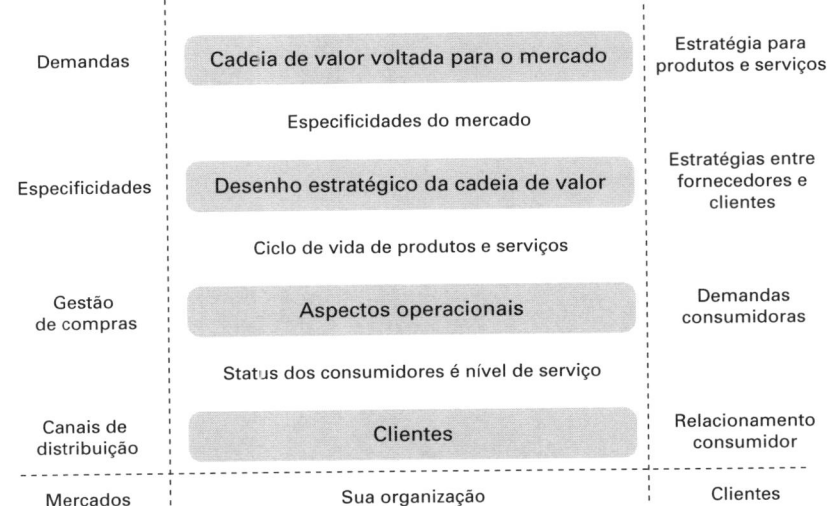

Fonte: Autores (2012).

Figura 1.8 Desdobramento da cadeia de valor para o mercado e clientes.

a) Enfoque: é a análise geográfica e a verificação de onde e como a organização irá se desenvolver e programar as suas atividades. Um exemplo seria a migração de grupos educacionais para a região Nordeste do Brasil para atender às demandas regionais e à carência por serviços de alta qualidade.

b) Custo total: é a opção por oferecer serviços mais baratos que, por consequência, possuam um menor valor agregado, segundo um menor investimento em pesquisa e desenvolvimento. É adequado o exemplo da estratégia de produção de carros populares na década de 1990 para atender às classes de menor renda, em contrapartida ao menor investimento em pesquisa e tecnologia automotiva ofertado por esses veículos, quando comparados aos carros de maior potência e segurança.

c) Diferenciação: ao contrário da estratégia por custo total, é voltada para a oferta de produtos e serviços de maior valor agregado, que, por consequência, agregam maiores investimentos em pesquisa e desenvolvimento. O setor de aviação é um exemplo adequado, em função da ampla necessidade para a aplicação de recursos, melhorias incrementais e processos de trabalho organizados, com utilização extremada dos modelos de qualidade total, conforme a Figura 1.2, encarecendo, em tese, os preços.

Corroborando com Porter (1989), as organizações devem direcionar a estratégia genérica na busca por redução de custos, ganhos por inovação, busca por margem e utilização de ativos em função de quatro modelos: (i) racionalização, (ii) sincronização, (iii) customização e (iv) inovação.

i) Racionalização: busca constante por redução de custos e utilização inteligente de ativos, tendo como consequência a terceirização de funções.

ii) Sincronização: da mesma forma que a estratégia por racionalização, o foco está na gestão adequada de custos e na utilização de ativos, sendo o grande diferencial a correlação de funções internas e externas nas cadeias produtivas ou de serviços para ganhos de escala.

iii) Customização: a estratégia central está na inovação de novos produtos e processos, com ampla utilização de ativos e atendimento personalizado das demandas de mercado.

iv) Inovação: trata-se da estratégia de vanguarda para as funções relacionadas a logística e operações, em busca do entendimento pleno dos ciclos de vida dos produtos, processos e serviços, com foco em margens superiores.

Fonte: Autores (2012).

Figura 1.9 Quatro estratégias de valor.

Após o entendimento da Figura 1.9, as organizações devem utilizar um diagnóstico estratégico correlacionado à gestão de processos, tema explorado no Capítulo 3, determinando a situação atual de trabalho, da qualidade do serviço prestado e da disponibilidade financeira, considerando uma visão de longo prazo e implementando metodologias de gestão que garantam a competitividade.

Competitividade significa poder atuar com alto desempenho, buscando sempre a excelência e levando em consideração as demandas do mercado consumidor. Ao analisar a competitividade, é fundamental o pleno entendimento da oferta e demanda por produtos e serviços, de maneira a colaborar com a sobrevivência da empresa. Logo, é função da direção da organização tornar o processo estratégico inovador visando à vantagem competitiva. Essa vantagem significa entender a própria organização e os seus concorrentes, com a interpretação dos riscos associados, as inovações e a sustentabilidade.

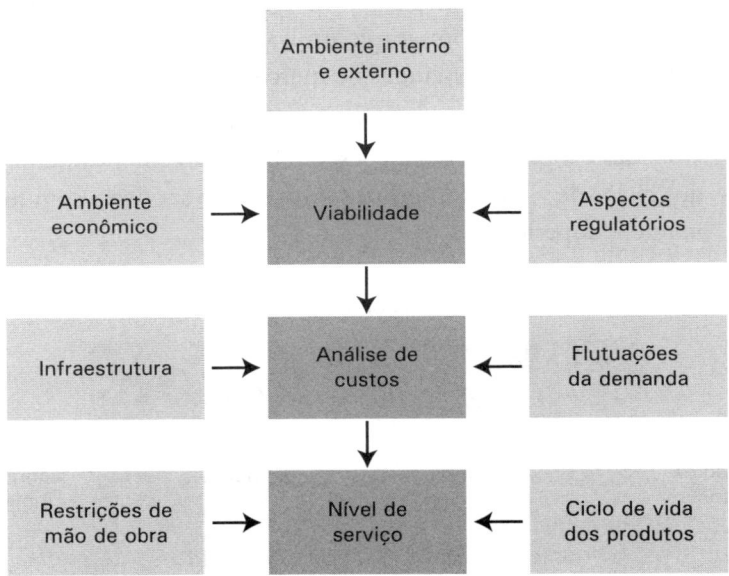

Fonte: Autores (2012).

Figura 1.10 Riscos para a gestão de operações.

Para a análise de riscos, propõe-se uma gestão contínua dos ambientes interno e externo, dos fundamentos econômicos, da infraestrutura (como condição para o recebimento de produtos), das restrições de mão de obra, da regulamentação, da demanda e do ciclo de vida dos produtos, sempre com foco na viabilidade dos projetos e inovação. Portanto, para gerar valor aos negócios, a proposta está no alinhamento estratégico e o seu cubo mágico, conforme a Figura 1.11.

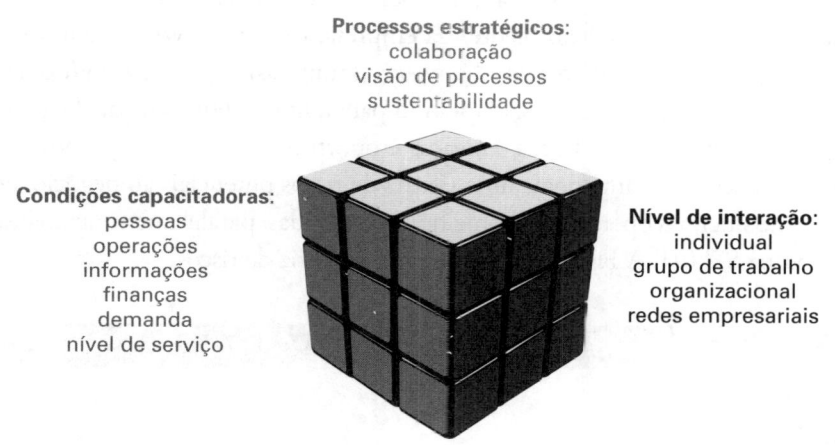

Fonte: Autores (2012).

Figura 1.11 Alinhamento estratégico e o cubo mágico.

A proposta do cubo mágico está no alinhamento dos processos e das condições capacitadoras à interação de funções organizacionais como pré-requisito do pensamento estratégico. Portanto, as organizações deveriam trabalhar em ambientes colaborativos, com visão de processos e com uma estrutura organizacional voltada a uma operação independente como garantia de processos estruturados. Para tanto, a gestão de pessoas, informações e nível de serviço adequado, com o compartilhamento de informações em rede, é desejável.

Pensamento estratégico

Toda e qualquer organização deve se questionar sobre o motivo da sua existência e sobre o seu negócio. As respostas devem estar relacionadas também ao pensamento de longo prazo e à visualização dos processos, por exemplo, em dez anos. Este é o processo de sonhar, seguindo o pleno conhecimento sobre quem é a organização e o seu mercado.

Paralelamente, o processo de criar planos de ação para toda a empresa e seus diversos níveis organizacionais é imperativo. Os planos podem ser divididos segundo a matriz de decisão hierárquica da organização, compreendendo as unidades de finanças, marketing, suprimentos e gestão de pessoas. A missão existe para estruturar o pensamento estratégico em documentos que devem contribuir para a ação por parte de cada colaborador.

Nesse sentido, já é de absoluto conhecimento do ambiente executivo a utilização da matriz SWOT para análises dos ambientes interno (microambiente) e externo (macroambiente) da empresa. O nome SWOT vem do inglês e significa *Strengths* (forças), *Weaknesses* (fraquezas), *Opportunities* (oportunidades) e *Threats* (ameaças). Adaptando para a língua portuguesa, chegamos a pontos fortes, pontos fracos, ameaças e oportunidades. Como proposta, as organizações deveriam adotar uma matriz de riscos potenciais ao negócio, em busca de sinergias operacionais e melhorias esperadas, paralelamente às análises da matriz SWOT. A Figura 1.12 apresenta a matriz de riscos.

Área	Responsável	Atividades	Sinergias	Riscos

Fonte: Autores (2012).

Figura 1.12 Matriz de riscos.

É importante ressaltar que a matriz de riscos deve ser interpretada como uma função de sinergias operacionais internas e os possíveis impactos dessas atividades na gestão organizacional. Nesse caso, a proposta de projetos estruturantes é bem-vinda como função de mitigação ao risco, segundo a Figura 1.13.

Projeto	Responsável	Atividades

Fonte: Autores (2012).

Figura 1.13 Projetos estruturantes.

Em linhas gerais, a análise para os projetos estruturantes refere-se a possíveis riscos internos, bem como a ameaças externas e a sua proposta de solução. Qualquer fenômeno externo tem impacto direto no ambiente interno das organizações e vice-versa. Como exemplo, imagine se, a partir de amanhã, o Banco Central do Brasil decidisse aumentar a taxa básica de juros para algo absurdo, em torno de 50% ao ano. De imediato, o público consumidor perderia em muito o seu poder de compra, sendo este uma ameaça externa às organizações, com consequências drásticas para a rentabilidade.

A análise do microambiente compreende o pleno entendimento de tudo que ocorre dentro da organização. Refere-se à sua estrutura organizacional, à política de cargos e salários, a incentivos aos colaboradores, à correta utilização de tecnologia, às constantes revisões de processos de trabalho e à utilização de gente especializada que desempenhe suas tarefas com dedicação e excelência.

Alinhamento estratégico em termos operacionais

A sua organização precisaria de um plano estratégico para operações? Caso as funções de gestão de operações não existissem, que falta fariam? Como resposta a essas perguntas, há a necessidade de um planejamento formal e de longo prazo. Para tanto, é importante a formulação de novas estruturas organizacionais, que tenham a presença de executivos de operações no mesmo nível de tomada de decisão de outras unidades, como finanças, produção e marketing, conforme a Figura 1.14.

A função desse executivo de operações seria o desenvolvimento de planos de ação inerentes às demais unidades de negócio da organização, objetivando um planejamento integrado e colaborativo, evitando-se assim possíveis rupturas entre as áreas de negócio.

É importante frisar que a estratégia como um todo da organização e os seus planos de ação devem ser entendidos, compreendidos e executados por todos os seus níveis, segundo o ideal de gerar valor ao cliente.

Como o propósito da estratégia é criar valor para os clientes, segundo a dinâmica competitiva dos mercados, torna-se fundamental mensurar o desempenho dos planos de ação da organização e a sua capacidade de execução.

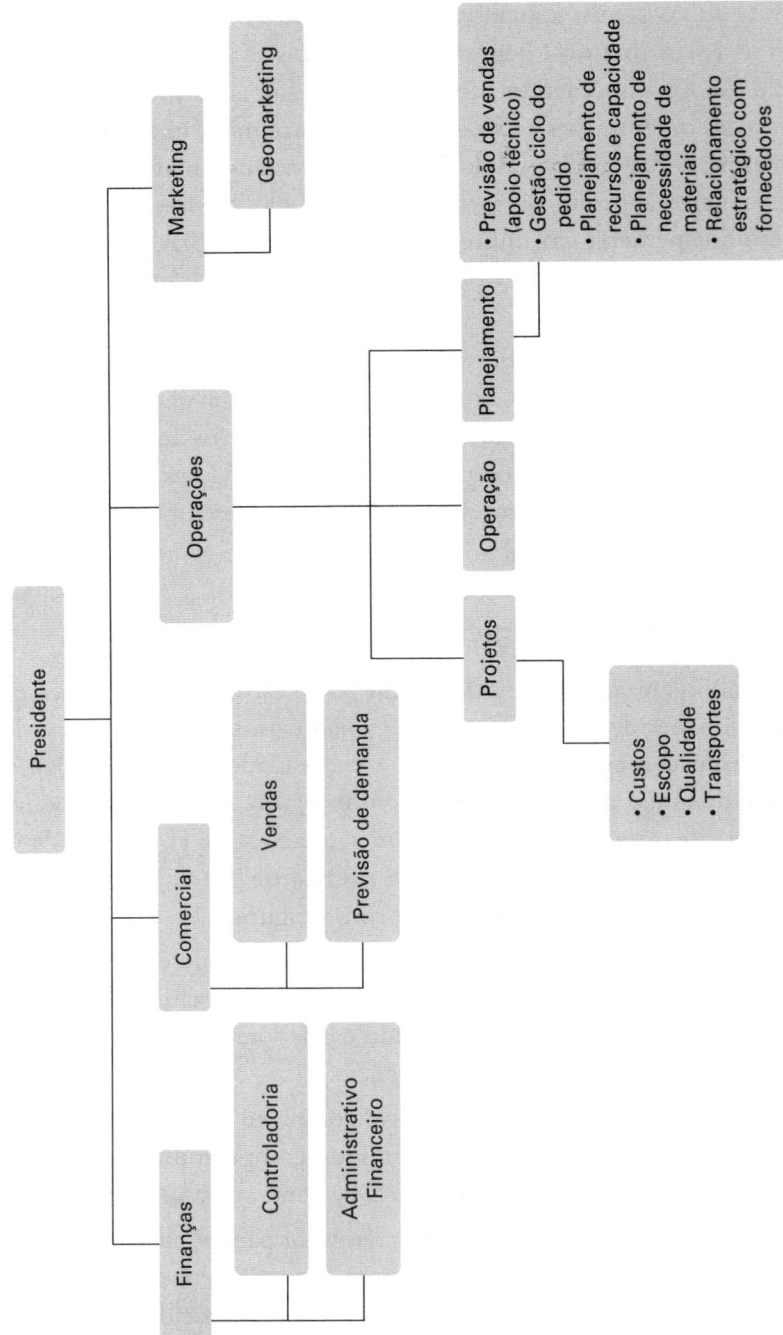

Fonte: FDC (2012).

Figura 1.14 Estrutura organizacional e a gestão de operações.

A geração de valor, aliás, no caso do plano de ação para operações, é o processo de melhoria na qualidade e percepção do produto ou serviço ofertado, em que a causa principal é a geração do lucro. Esse processo de melhoria torna-se implícito quando são estabelecidos relacionamentos de longo prazo com os clientes, fornecedores, atendimento personalizado e volume de vendas adequado, conforme a Figura 1.15.

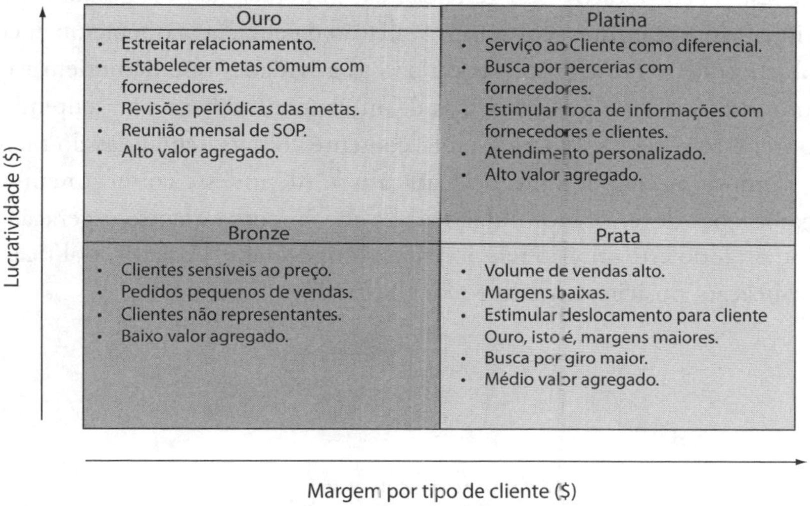

Ouro	Platina
• Estreitar relacionamento. • Estabelecer metas comum com fornecedores. • Revisões periódicas das metas. • Reunião mensal de SOP. • Alto valor agregado.	• Serviço ao Cliente como diferencial. • Busca por percerias com fornecedores. • Estimular troca de informações com fornecedores e clientes. • Atendimento personalizado. • Alto valor agregado.
Bronze	**Prata**
• Clientes sensíveis ao preço. • Pedidos pequenos de vendas. • Clientes não representantes. • Baixo valor agregado.	• Volume de vendas alto. • Margens baixas. • Estimular deslocamento para cliente Ouro, isto é, margens maiores. • Busca por giro maior. • Médio valor agregado.

Eixo vertical: Lucratividade ($). Eixo horizontal: Margem por tipo de cliente ($).

Fonte: Autores (2012).

Figura 1.15 Análise de volume e vendas por cliente.

Nesse sentido, a proposta para mensurar a estratégia em termos operacionais passa pela utilização de indicadores, ou *scorecards*, para que se avaliem os ativos tangíveis e intangíveis de toda a organização. O objetivo dos *scorecards* está em medir quantitativamente como se criar valor para os processos internos e externos da empresa, atrelados à estratégia como um todo.

Implementando a estratégia

A implementação da estratégia está associada a possíveis melhorias radicais na gestão das organizações, em busca de maior eficiência, de nível de serviço ótimo e da opção de modelos de gestão associados à demanda plena. Finalmente, algumas organizações vêm trabalhando com um modelo operacional inovador, com fornecedores próximos das suas áreas produtivas e recebimento de produtos previamente acabados.

Para que o processo de implementação da estratégia seja executado e factível, a metodologia do *Balanced Scorecard* é recomendada no entendimento de todos os processos, possíveis rupturas e melhorias. Para que o *Balanced Scorecard* seja eficiente é importante que as unidades de negócio sejam compartilhadas e possuam ampla sinergia organizacional.

Nesse sentido, as organizações devem ser entendidas em três níveis de funções: (1) corporativo, (2) gerencial e (3) operacional. Na gestão organizacional, é importante a constante avaliação da eficiência operacional, com o objetivo de serem eliminadas ou não as atividades que não criem valor. Para tanto, a gestão por processos é um elemento-chave para entender a própria estratégia e se ela está sendo coerente com as demandas do mercado, sendo um tema descrito no Capítulo 3. Além desse conhecimento, as organizações devem aprofundar seus conhecimentos quanto à geração de valor, estando este critério relacionado a longevidade, projetos, políticas de precificação, posicionamento e redes, segundo a Figura 1.16.

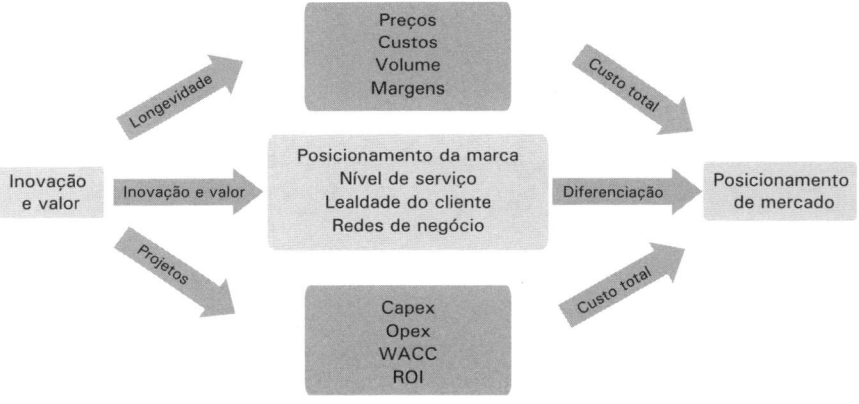

Fonte: Autores (2012).

Figura 1.16 Posicionamento para a gestão de operações.

Para o posicionamento da gestão de operações, quais deveriam ser os processos-chave e como unificá-los quanto à gestão organizacional?

Processos organizacionais unificados

Como determinar e assegurar que a estratégia esteja sendo executada pela organização em todos os seus níveis operacionais, do presidente ao operacional? Qual a responsabilidade de cada executivo no processo de conferência da execução das tarefas da empresa? Qual o papel da unidade de gestão de operações?

Respondendo a todas as perguntas, a função principal do *Balanced Scorecard* está no processo de colaboração e de visão estratégica de longo prazo das organizações, empenhando-se tempo suficiente no desenvolvimento de uma cultura voltada à obtenção de resultados, conforme o alinhamento estratégico.

Há pouco tempo, fazer com que todos os níveis da organização estivessem integrados à estratégia corporativa como um todo era quase impossível. Hoje em dia, com o desenvolvimento de metodologias de gestão como o próprio *Balanced Scorecard*, vem se garantindo um aumento constante para o desempenho ótimo e a execução focada nas atividades-chave. Além da adoção dos *scorecards*, deve-se pensar na formação dos colaboradores da organização, em constante especialização e pautada pela gestão do conhecimento. Logo, qual a função do *Balanced Scorecard* e da gestão de pessoas no processo de mensurar efetivamente o desempenho, avaliar e capacitar os funcionários de uma organização e para o alinhamento e unificação de processos?

A função de gerenciamento de pessoas vem passando por uma série de modificações em virtude do aumento da competitividade dos mercados e, por consequência, das organizações que demandam pessoas qualificadas. Se, no passado, gerenciar pessoas era sinônimo de empregar modelos clássicos, como as técnicas de desenvolvimento organizacional, hoje são necessários o entendimento e o aperfeiçoamento dessa função. Daí a multidisciplinaridade dos conhecimentos oriundos da psicologia tradicional e a aplicação pragmática dos modelos de gestão, que estimulam e criam uma força de trabalho apta aos atuais desafios da área de negócios. O próprio *Balanced Scorecard*, quando atrelado à estratégia organizacional, torna-se uma importante ferramenta para o alcance de resultados satisfatórios. Na ponta do gerenciamento, podem ser empregadas técnicas contemporâneas, avaliando-se as expectativas dos colaboradores da organização, buscando-se correlacionar medidas de desempenho e otimizando-se o resultado, cujo foco é a plena satisfação do público consumidor pelo serviço prestado.

Nesse sentido, várias são as tendências para o alinhamento dos colaboradores às estratégias organizacionais:

- Avaliar com frequência o desempenho dos colaboradores, estabelecendo métricas eficientes. Porém, avaliar desempenho não significa comprometimento. Os funcionários devem ser avaliados como pessoas, não como máquinas, procurando-se atender também às suas expectativas, segundo a estrutura atual da organização.

- Os colaboradores devem entender muito bem os processos de visão, missão, análise da concorrência e criação de propostas constantes para o desenvolvimento organizacional, segundo um processo contínuo de comprometimento e de contribuição.
- Determinar de fato que as pessoas são o ativo mais importante para as empresas e como criar metas para seu desempenho. O *Balanced Scorecard* contribui para esse processo. Determinar um ativo significa contabilizar e comparar por meio de números. Nesse sentido, quais são as atitudes esperadas e a cultura organizacional da organização e do colaborador? Não adianta o "batismo" como colaborador, ou outros nomes. É preciso que haja eficiência real para a atribuição de números atrelados a medidas de desempenho.
- A importância estratégica de um colaborador está correlacionada a sua importância na matriz de decisão da organização. Quanto maior a sua participação na tomada de decisão, maior a sua influência no futuro organizacional. Logo, quais são os incentivos adequados a cada nível corporativo?
- É de suma importância o envolvimento de toda a equipe de trabalho e da gestão colaborativa na tomada de decisão, segundo técnicas de *brainstorming* estruturado ou não estruturado.
- É preciso envolver todo o corpo diretivo no processo de avaliação do seu corpo de colaboradores. É importante medir com frequência se, por exemplo, a linha de frente da organização está sendo efetiva no relacionamento com os clientes. Nesse sentido serão desenvolvidos treinamentos, participação nos lucros, bônus, progressão de carreira, entre outros, para a prestação de serviços de ponta e de pleno atendimento ao cliente.

Organizações que enxergam a estratégia como um processo de longo prazo conseguem alinhar o comportamento e o desempenho do seu corpo de colaboradores. Deve-se pensar que quem executa a estratégia são os colaboradores, e não a direção.

Em linhas gerais, as organizações que visualizam os seus colaboradores com aspectos centrais do conhecimento e execução estratégica estão aptas para inovações e em busca de resultados expressivos de longo prazo.

Criando uma estratégia de longo prazo

Para criar uma estratégia de longo prazo, além de gerenciar pessoas é preciso gerenciar o orçamento de maneira equilibrada, algo crítico para os executivos de operações e logística. Segundo Kaplan e Norton (2000), "as organizações estão sendo cada vez mais tolhidas pela inflexibilidade do orçamento". Nesse sentido, como gerenciar a estratégia e as operações de modo eficiente? Alguns itens devem ser avaliados como críticos:

- 20% das organizações levam mais de 16 semanas para preparar o seu orçamento.
- 68% das organizações não alteram o seu orçamento durante o período de execução fiscal, o que é péssimo, pois, na concepção das empresas, o orçamento é algo imutável, porém a dinâmica dos mercados é amplamente mutável.

Em face da dinâmica e da sazonalidade dos mercados, torna-se fundamental interpretar a estratégia como um processo contínuo em que toda a organização compreenda as diretrizes estratégicas, executando de fato o que foi anteriormente planejado.

É função das organizações conectar a estratégia ao orçamento, segundo as próprias diretrizes e perspectivas do *Balanced Scorecard*, a fim de atender às demandas operacionais e de pleno atendimento ao público consumidor.

Mas qual a correlação entre operações, estratégia e orçamento? Quando uma organização está em busca de resultados expressivos, primeiro deve possuir uma cadeia de valor organizada e uma estrutura organizacional enxuta. Da mesma forma, as equipes de trabalho devem possuir a responsabilidade de gerenciar o seu desempenho a todo momento, verificando a eficiência, interpretando os resultados e buscando novas estratégias, atualizando sempre os indicadores de desempenho, alterando sempre o orçamento.

Estudo de caso – Azul Linhas Aéreas

Em apenas três anos uma empresa abre suas portas dentro de um concorrido mercado, estabelece uma visão e um conceito de marca respeitados em todo o país, opera com 4300 funcionários em 40 bases espalhadas pelo Brasil, possui 40 aeronaves e 16 milhões de clientes satisfeitos. Qual é o segredo da Azul?

Para entender o sucesso de uma companhia como a Azul, é preciso conhecer o homem que está por trás das ideias inovadoras que deram origem a ela. David Neeleman, antes de mais nada, é brasileiro. Filho de pais americanos que moravam no Brasil à época do seu nascimento, ele teve por toda a vida um apreço pelo país, onde voltou a morar dos 18 aos 20 anos. Daquele período de vida missionária no Rio de Janeiro e no Nordeste até hoje, Neeleman tornou-se um dos 100 homens mais influentes do mundo, segundo a revista *Times*, e fundou nada menos do que três companhias aéreas, a Morris Air e a JetBlue, nos Estados Unidos, e a WestJet, no Canadá. Com elas, pôde revolucionar o cenário aéreo com conceitos como bilhetes eletrônicos no lugar dos impressos, uso de TV ao vivo a bordo e vantagens e diferenciais de se voar barato, mas com conforto. Em 2007, David decidiu investir no grande potencial ainda não explorado do seu país de nascimento e convidou um seleto grupo de executivos da aviação para conduzir um projeto inovador para o setor aéreo brasileiro. Em pouco tempo, a empresa literalmente decolou. Segundo a ANAC, entre dezembro de 2008 e julho de 2011, o *market share* da companhia foi de 0,31% a 9,17%.

E não só decolou, como alcançou altitude rapidamente e nela se mantém. Em grande parte, devido a uma tripulação – como a empresa costuma chamar seus funcionários – que forma um grupo coeso, unido, orgulhoso, ciente e zeloso de sua cultura. Não é simples criar uma cultura forte e reconhecida, tanto interna quanto externamente, em tão pouco tempo. Mas a equipe de David diz que esta é uma das virtudes de seu líder: o foco no ser humano. Além de uma lógica muito bem executada de negócio, a companhia preza e age de acordo com seus valores. Junto à equipe, esses valores se demonstram no forte conceito de respeito ao funcionário e ao ser humano. O "tripulante azul" é valorizado por diversos fatores, desde as boas condições trabalhistas até as pequenas ações que o instigam pelo ego, pelo orgulho de trabalhar em uma empresa vencedora, pelo sentimento de pertencimento. Ele é convidado a aprender e crescer junto com a empresa. E ganham todos: o profissional, a companhia e o cliente, que é mais bem atendido na sua experiência de voar.

Experiência essa que faz parte do mesmo conjunto de valores que a companhia traz também para o relacionamento com o cliente. O que a companhia oferece ao seu passageiro é um valor medido pela equação serviço de excepcional qualidade *versus* preço competitivo. Por competitivo, a empresa não está necessariamente dizendo que o seu preço é o mais baixo do mercado. Em alguns casos, sim. Em outros, ela prefere ser competitiva pelo serviço que entrega. Em todos os casos, busca-se o equilíbrio para o cliente. A proposta de valor, no caso, está situada entre o que o cliente pagou e aquilo que ele recebeu. A idealização de David é que o cliente sinta que uma viagem com a Azul é a melhor de sua vida. Esse é o valor percebido que ele espera para sua companhia. Assim, o cliente pode ter pago um pouco a mais na sua passagem, mas em troca teve uma aeronave moderna, nova, com conforto, espaço e atendimento de excelência, além de monitor na poltrona da frente, lanchinhos e café na saída, ônibus para levar e buscar de sua cidade até o aeroporto (no caso de Viracopos e Navegantes), um voo extremamente pontual, com opção de sete horários diferentes na mesma rota e, finalmente, a mala entregue em muito menos tempo. Esse conjunto de atributos que a Azul considera diferenciais em sua empresa é o que ela chama de "Experiência Azul". Isso é o que a empresa considera conveniência para o cliente. E conveniência traz preferência. A satisfação vem no conjunto, mas a conveniência é uma fórmula possível de ser calculada e fácil de ser feita para se conquistar sempre mais clientes e cada cliente a mais. Por isso mesmo, desde o lançamento da empresa, a verba publicitária nunca foi grande. Deu-se prioridade aos investimentos na experiência diferenciada do passageiro ao voar e querer voltar sempre, além de recomendar a empresa a novos passageiros.

Quando a proposta da Azul foi desenhada, ficou claro para seu grupo de dirigentes que não seria uma empresa focada em um determinado target ou segmento de público. Ela queria entrar no mercado como a empresa em que qualquer um pode voar e vai querer voar. A ideia era não ser refratária, afinal todos querem voar com uma equação de valor. Essa era uma oportunidade no setor aéreo brasileiro que, em 2010, contabilizou 139 milhões de passageiros e só vem crescendo a cada ano. Assim, como estratégia de marketing, o público foi convidado a sugerir o nome para a nova empresa e colocou-se um mapa do Brasil estilizado como sua identidade corporativa, simbolizando "o desejo de servir, aproximar e apresentar aos brasileiros, sem escalas, uma nova fase na história do transporte aéreo no país". Foi estabelecido aí um elo com o brasileiro, uma relação da qual a empresa tem orgulho. Esse valor é percebido pelos clientes até mesmo no fato de a empresa ter escolhido jatos da Embraer para compor a sua frota. É um ato de valorização do produto nacional, especialmente por ser um produto inovador, de última geração, o mais moderno em operação no mundo, capaz de ampliar a boa experiência de voar.

A inovação no produto e no serviço é, então, um dos conceitos essenciais da marca Azul. Nas relações humanas, na comunicação, na maneira de servir ao mercado. Tudo passa pela cultura da inovação que vem desde seu fundador. A partir do seu serviço principal, o transporte aéreo, a companhia inova desde o conforto do passageiro (enquanto a maior parte das empresas caminhava na direção contrária), ao tirar a poltrona do meio e dar mais espaço para ele, até a preocupação com a sustentabilidade, com a tentativa de mitigação de sua própria pegada de carbono. A Azul patrocina um programa de substituição do combustível fóssil pelo renovável e vai passar a voar em jatos com esse combustível a partir de 2013. Ainda adota medidas de cunho operacional nos voos para diminuir o uso de combustível em milhões de toneladas por ano e opera com a melhor eficiência energética do Brasil, voando com a cabine sempre cheia, com ocupação média de 82% dos assentos.

A companhia acredita estar inserida não na indústria do transporte, mas sim na do tempo. O que as pessoas procuram quando resolvem voar de avião é agilizar sua mobilidade, chegar mais rápido ao seu destino e a seus compromissos, sejam de lazer, profissionais ou familiares. Mas para "vender o tempo" aos seus clientes, a empresa precisa investir em variáveis mais tangíveis, como seus veículos e seus serviços. No entanto, existe hoje uma consciência plena de que a companhia seria muito mais eficiente e prestaria um serviço ainda melhor se tivesse condições de trabalho adequadas. A infraestrutura aeroportuária brasileira hoje é o calcanhar de Aquiles do crescimento de qualquer companhia aérea. E este é o grande desafio para o futuro próximo da Azul: crescer, aumentar a demanda e manter a excelência no serviço, mesmo dependendo de fatores externos que ela pouco pode ajudar a mudar. Mas, no que depende de si, tem a convicção de estar no caminho certo.

Exercícios propostos

1. Qual a importância do ciclo PDCA para que as organizações obtenham vantagem competitiva?
2. Defina a cadeia de valor e a sua importância para o alinhamento de processos.
3. Qual a importância de estruturas organizacionais enxutas e com a presença da gestão de operações?
4. O que são indicadores de desempenho e qual a sua aplicabilidade?
5. Qual a importância de um trabalho integrado entre as áreas de operações e finanças, em busca do desdobramento real do planejamento estratégico?

Cadeia de valor e competitividade

2

Objetivos do capítulo

- Apresentar o conceito de cadeia de valor e a sua importância para a logística e as operações.
- Apresentar as características do ambiente e da cultura organizacional, bem como a sua correlação de funções com a estratégia competitiva.
- Identificar a relação entre cadeia de valor, inteligência competitiva nas áreas de estratégia, logística e operações.
- Apresentar o estudo de caso da Embraer como um modelo de alinhamento estratégico à cadeia de valor e à inteligência competitiva.

Você está no seguinte item em destaque, conforme o mapa mental proposto:

Fonte: Autores (2012).

Figura 2.1 Mapa mental do livro.

Perguntas provocadoras

- Qual a definição e as aplicações da cadeia de valor para o ambiente e a cultura organizacional?
- O que vem a ser inteligência competitiva?
- Qual a importância da inteligência competitiva para logística e operações?

A importância da cadeia de valor

A cadeia de valor pode determinar uma série de atividades inter-relacionadas e desenvolvidas com foco nas demandas dos clientes. Mas seria somente isso? Para atender às necessidades dos clientes, deve-se levar em conta os aspectos tangíveis e intangíveis do produto ou serviço ofertado.

Ao se trabalhar com a cadeia de valor, devem ser consideradas desde as relações com os fornecedores, passando pela operacionalização, até a comercialização final, com processos bem integrados, que gerem margem de contribuição satisfatória para as organizações e com pleno entendimento sobre os aspectos relacionados à cultura organizacional, algo não explorado nos livros tradicionais sobre o tema proposto.

Normalmente, a cadeia de valor é um tema explorado na literatura de negócios, conforme o modelo teórico proposto por Porter (1989) e descrito no Capítulo 1. No entanto, a cadeia de valor demanda um aprofundamento estratégico maior do que a sua proposta diretamente pressuponha. O primeiro aspecto fundamental para o entendimento da cadeia de valor refere-se ao alinhamento de processos internos e externos, com indicadores de desempenho bem estabelecidos e constantemente validados. Esse alinhamento é proposto por Porter (1989) e corroborado por Prahalad e Hammel (1990), de tal forma que a capacidade de gestão seja sistêmica e não somente por atividades. Logo, ter a capacidade de compreensão de toda a cadeia de valor, da mesma forma que para a gestão de operações, é primordial para a vantagem competitiva organizacional.

Uma maneira eficiente para identificar as atividades que geram valor advém da observação da burocracia departamental alinhada aos processos. Para Prahalad e Hammel (1990), quanto maior o número de regras, pessoas envolvidas e o seu tempo de execução, maior será a probabilidade de retrabalho para essa atividade, com menor valor gerado. Um bom exemplo para a gestão de operações refere-se às tradicionais unidades de compras com um viés burocrático forte, devido aos inúmeros formulários, regras estabelecidas e probabilidades para o retrabalho. Por que não trabalhar com a unidade de compras de forma estratégica e com amplo relacionamento com as unidades comercial e financeira, por exemplo?

A cadeia de valor é um tema recorrente à gestão estratégica organizacional, sendo que a gestão de operações vem empregando esses conceitos para um maior alinhamento operacional, de processos, indicadores e demandas consumidoras. Observa-se que a gestão de operações é um tema com maior aprofundamento técnico no Capítulo 4, quando será tratada a sua evolução por meio dos modernos conceitos da gestão da cadeia de suprimentos. No entanto, o aspecto fundamental deste capítulo advém da compreensão de que, por intermédio da cadeia de valor, torna-se possível um alinhamento estratégico entre os processos organizacionais, de modo a torná-los sustentáveis. Mas seria possível o alinhamento estratégico sem uma análise adequada do ambiente e da cultura organizacional?

Ambiente, cultura organizacional e vantagem competitiva

O ambiente organizacional sofre mudanças constantemente, devido ao comportamento econômico, aos avanços tecnológicos, ao ambiente regulatório e às demandas consumidoras. Por conta dessas mudanças, as interações com as organizações vêm ocorrendo com muito dinamismo, tornando a sua longevidade cada dia mais comprometida. Logo, como obter vantagem competitiva em relação à cadeia de valor bem alinhada, aos concorrentes e às demandas dos clientes? Como avaliar a cultura organizacional e a cadeia de valor com uma abordagem inovadora para o ambiente da gestão de operações?

Para a gestão de operações, a busca pela vantagem competitiva advém do alinhamento constante de processos entre fornecedores, operações e as demandas dos clientes, de tal forma que os tempos de execução sejam cada vez menores, bem como seus custos e a qualidade maximizada. Conforme a Figura 2.2, propõe-se um "mapa mental" com foco na vantagem competitiva, isto é, as organizações deveriam estruturar-se de forma a atender o desenho proposto.

A proposta da Figura 2.2 é a construção de uma visão sistêmica e integrada para a gestão de operações, de forma a agregar valor com a redução de possíveis perdas geradas pelo não alinhamento de processos entre finanças, gestão de pessoas, comercial, estoques, entre outros. Logo, o "mapa mental" propõe as seguintes atividades:

- Estratégia: consiste no conjunto de atividades centrais, perpassadas por análises de mercado, metas de curto e longo prazo, gestão de processos, gestão à vista e estrutura organizacional, sendo este último um tema em análise no Capítulo 1.

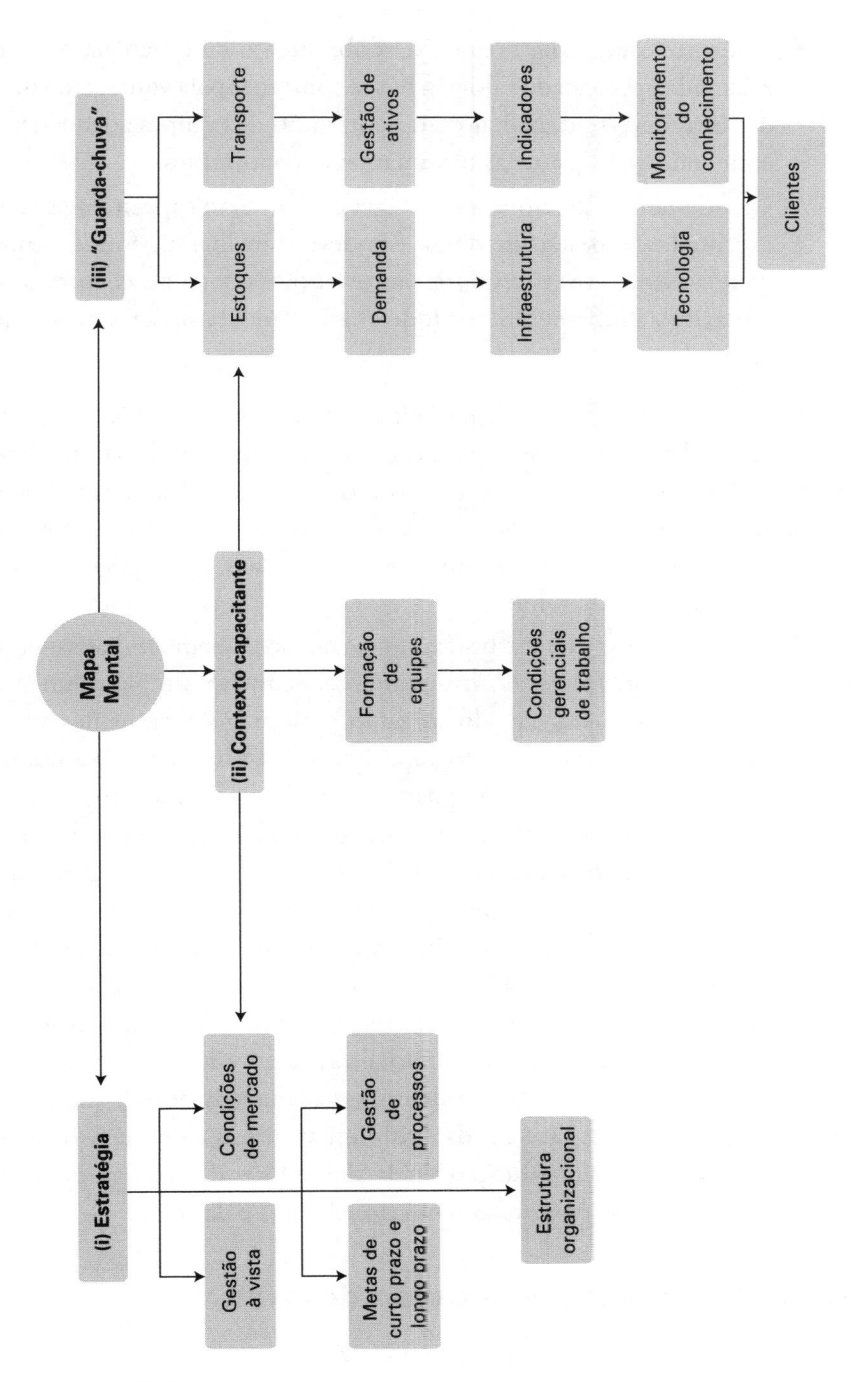

Fonte: Autores (2012).

Figura 2.2 Mapa mental para a gestão de operações.

- Contexto capacitante: para o desdobramento da estratégia organizacional, a geração de valor e a busca constante pala vantagem competitiva, deve-se trabalhar com a formação de equipes adequadas e com condições gerencias minimamente condizentes.
- Guarda-chuva: para que a estratégia e o contexto capacitante sejam executados, a gestão de operações deve trabalhar de forma ótima com suprimentos, transportes, informações e foco no cliente, com o máximo alinhamento, segundo as atividades básicas propostas no Capítulo 4.

Para que a cadeia de valor seja eficiente, é de suma importância que as organizações elaborem projetos estratégicos, mas com amplo alinhamento entre o "mapa mental" proposto e as estruturas organizacionais. Logo, quando a área de gestão de operações estiver estruturada de forma estratégica e com amplo alinhamento com as demais unidades de negócio, torna-se possível a geração de valor.

Devemos reforçar que estruturas organizacionais bem alinhadas, com metas comuns e organizadas horizontalmente, denotam um planejamento de processos e projetos adequado segundo a estratégia formulada, assim como são adequados seu contexto capacitante e as atividades básicas de gestão de operações, segundo o "guarda-chuva" conceitual, proposto na Figura 2.2. No entanto, como as organizações poderiam gerar valor, caso adotassem o alinhamento organizacional e estratégico adequado? A resposta está relacionada às questões que dizem respeito à cultura organizacional, nesse caso, associada aos ambientes interno e externo às organizações. Para gerar valor, e não somente o alinhamento de processos na concepção tradicional proposta pelos autores de estratégia, recomenda-se uma conduta proativa das organizações rumo à internalização de valores, com foco no nível de serviço e no pleno atendimento das demandas dos clientes, algo explorado no Estudo de caso 01, da Azul Linhas Aéreas, em que o posicionamento estratégico é uma função direta dos valores da sua equipe, bem como da percepção de posicionamento dos clientes e da rota.

Vantagem competitiva e cadeia de valor

Segundo o World Economic Forum WEF (2010), competitividade é "o conjunto de instituições, políticas e fatores que determinam o nível de produtividade de um país". Competitividade, no entanto, não se faz somente no ambiente macroeconômico, mas também no microeconômico, em que estão inseridas as organizações. Logo, para que um país tenha competitividade, torna-se imperativo que ele tenha organizações bem estruturas, alinhadas e com foco na longevidade das estratégias estabelecidas.

Assim sendo, ainda para o WEF (2010), as economias competitivas tendem a gerar altos níveis de renda para a população quando as condições de competitividade das organizações estão bem estruturadas. Para Arruda (2011), países mais competitivos terão níveis maiores de competitividade quando conseguirem gerar rendas maiores no médio e no longo prazo. Mas qual a correlação entre os aspectos propostos pelo WEF (2010), por Arruda (2011), a cadeia de valor e a gestão de operações? A resposta está associada à formação de ambientes de negócios em que a produtividade esteja em primeiro plano, ou seja, em que o aperfeiçoamento dos processos organizacionais esteja sempre em primeiro nível.

Retomando a ideia de que as organizações operam em ambientes em constantes mudanças econômicas, tecnológicas, regulatórias e consumidoras, o direcionamento estratégico está associado à cadeia de valor e à busca pela vantagem competitiva. Mas como mensurar os processos relacionados à logística e às operações, de tal forma a se atingir a vantagem competitiva?

Diversos estudos vêm sendo conduzidos, de forma a alinhar a estratégia organizacional, a cadeia de valor, a competitividade e a gestão de operações. Destacam-se os modelos relacionados à inovação de processos, de modo a estruturar a organização para as demandas de mercado e o pleno atendimento aos clientes. Logo, qual a percepção do cliente em relação à organização e, da mesma forma, aos concorrentes? Qual o nível de estoque ótimo? Ter ou não ter transporte próprio? Como prever as demandas por recursos?

A inovação de processos interliga-se com a gestão de operações devido à estrutura centrada na busca pela vantagem competitiva, identificando-se cenários, possíveis gargalos e ambiente de decisão adequado.

Inteligência competitiva e cadeia de valor

Já que um dos principais desafios para as organizações, no que tange à geração de valor, é a compreensão do ambiente macroeconômico em que atuam, de forma a estruturarem a sua cadeia de valor e a busca pela vantagem competitiva, o grande desafio proposto é a Inteligência

Competitiva (IC). Segundo a Strategic and Competitive Intelligence Professionals – SCIP (2011), a inteligência competitiva consiste em um "programa sistemático e ético de coleta, análise, disseminação e gerenciamento das informações sobre o ambiente externo, que podem afetar os planos, as decisões e a operação da organização". Complementando, Castro e Abreu (2006) afirmam que a inteligência competitiva é útil para que os gestores tomem decisões estratégicas, baseando-se em informações confiáveis e, desta forma, minimizando a incerteza.

Para Simon (1995), os gestores têm limitações para a tomada de decisões, visto que apresentam limitações cognitivas de racionalidade. Ainda para o autor, o processo de escolha em ambientes de decisão está relacionado ao ambiente em que se atua. Como nos dias atuais as informações são fragmentadas e abundantes, é pouco provável que os gestores tenham absoluta ciência da solução adequada dos problemas organizacionais. Assim sendo, a prática da inteligência competitiva está voltada para o auxílio da cadeia de valor, propondo um alinhamento pleno de processos em toda a gestão de operações e nas estruturas organizacionais, de forma que as decisões sejam mais racionais.

A inteligência competitiva mostra-se útil em todos os níveis organizacionais, conforme a Figura 2.3 abaixo.

Fonte: CASTRO e ABREU (2006).

Figura 2.3 Inteligência competitiva e organizações.

A proposta da Figura 2.3 consiste em relacionar a existência de pontos cegos, definidos como aqueles em que a percepção da organização quanto ao ambiente competitivo não condiz com a realidade ou com seu ciclo de vida. Da mesma forma, evidencia-se que os pontos cegos muitas vezes advêm das estruturas organizacionais ou dos processos consolidados, mas sem a devida revisão tanto das estruturas quanto dos processos.

A longevidade organizacional é resultado da análise dos ambientes interno e externo de negócios, sendo a cadeia de valor o seu alinhamento com as estruturas organizacionais e a busca pela inteligência competitiva essencial para o processo de tomada de decisão. Logo, o principal papel da inteligência competitiva é proporcionar aos gestores a identificação dos principais pontos cegos, possibilitando assim a implementação de estratégias ótimas.

Um ponto é essencial para a inteligência competitiva, bem como para o "mapa mental" proposto na Figura 2.2: qual o perfil adequado para os gestores relacionados à gestão de operações? Quais são os principais desafios para as organizações, levando-se em conta o ambiente da inteligência competitiva? Como monitorar o ambiente de forma ótima? Finalmente, como a prática da inteligência competitiva impactará as organizações que trabalham com a gestão de operações?

A importância da inteligência competitiva para a estratégia organizacional

A estratégia organizacional é extremamente influenciada pelo contexto em que está inserida. Lewin e Volberda (2003), por exemplo, mostram que a estratégia de uma organização depende tanto da intenção gerencial quanto da pressão ambiental sofrida pela organização, ou seja, mesmo que determinado executivo tenha uma ideia clara de onde quer chegar e como fazê-lo, ele pode se ver obrigado a mudar de planos devido a alguma variável externa à organização.

A Figura 2.4 esquematiza bem o processo da mudança estratégica de uma organização. Evidencia-se que a firma se depara com estratégias deliberadas e emergentes. A primeira se refere a um processo formal de planejamento dentro de uma organização que determinará suas estratégias. As emergentes são aquelas estratégias informais que surgem como oportunidades ou desafios impostos pelo ambiente externo. Caberá ao tomador de decisão de determinada organização, portanto, escolher o caminho a ser seguido, levando em conta as possibilidades internas e externas à organização, sabendo que suas escolhas impactarão tanto em sua organização quanto no ambiente externo.

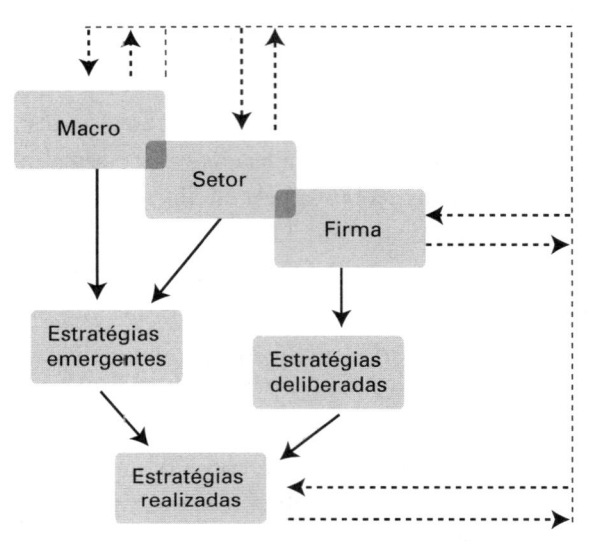

Fonte: GOHN e SANTOS (2005).

Figura 2.4 Estratégia organizacional.

Entretanto, em um mundo globalizado e repleto de informações, como um executivo poderá tomar as melhores decisões? Como ele terá certeza de que todas as oportunidades e desafios para sua organização estão sendo levados em conta? Nesse contexto, o papel da IC, portanto, será o de fornecer-lhe as respostas, monitorando o ambiente externo para que o tomador de decisão possa ter acesso às melhores informações e intuir como elas afetarão sua organização.

Mas como monitorar o ambiente competitivo de forma eficiente? Como os profissionais de inteligência e gestão de operações podem acessar o maior número de informações possível, sem incorrer em altos custos para a organização?

Inteligência competitiva e gestão de operações

A inteligência competitiva impacta a gestão de operações por meio da percepção de valor, relacionando-o ao ambiente estratégico em que as organizações estão inseridas. Diversos estudos apontam que a inteligência competitiva pode auxiliar a gestão de operações por intermédio do levantamento de séries históricas para o aprofundamento das atividades relacionadas ao "guarda-chuva" proposto no mapa mental da Figura 2.2. Por exemplo, quais as séries históricas para a gestão de estoques, previsão de demanda e negociação de contratos de frete?

Para a gestão de operações, a inteligência competitiva denota a importância estratégica dessa área do conhecimento para as organizações, ajudando os gestores a refletirem sobre as principais atividades que colaborarão para a vantagem competitiva.

Quando a inteligência competitiva torna-se algo amadurecido nas organizações, a função de planejamento estratégico e operacional apresenta-se como primordial, em função dos trabalhos de longo prazo e para a geração de cenários, conforme proposto por Mcgonagle (2002).

O principal modelo relacionado à prática da inteligência competitiva, com aplicação direta às atividades da gestão de operações, é apresentado na Figura 2.4, adaptado de Castro e Abreu (2006).

Conforme a Figura 2.5, o ciclo de inteligência inicia-se com a necessidade de informação, isto é, para uma demanda organizacional, deve-se proceder à coleta dos dados, sua validação, análise e disseminação para subsidiar decisões estratégicas. É importante ressaltar que nem sempre uma informação será coletada por meio de uma demanda interna. A área de IC precisa estar sempre atenta a mudanças em seu ambiente. Os itens a serem monitorados serão aqueles sobre os quais os tomadores de decisão de uma organização têm maiores pontos de incerteza. Desta forma, a área de IC poderá contribuir para que as decisões sejam tomadas da forma mais racional possível, segundo Castro e Abreu (2006).

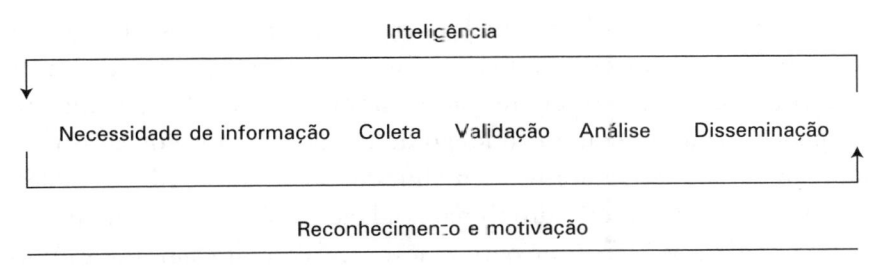

Inteligência

Necessidade de informação | Coleta | Validação | Análise | Disseminação

Reconhecimento e motivação

Fonte: Castro e Abreu (2006).

Figura 2.5 Ciclo de inteligência.

A fase seguinte de um ciclo de inteligência é a coleta. Nesta etapa verificam-se as fontes de informações disponíveis e coleta-se a informação. É importante que uma determinada informação não seja apenas coletada e repassada para a organização sem que se faça uma análise da sua veracidade e relevância. Caso essa etapa não seja respeitada, a informação coletada pode gerar mais incerteza para os tomadores de decisão do que ser um *input*. Por isso, as etapas seguintes do ciclo (validação e análise) são, talvez, as mais importantes para o sucesso da IC, de acordo com Castro e Abreu (2006).

A etapa de validação da informação utiliza duas técnicas principais: a triangulação (cruzamento de informações provenientes de várias fontes) e a checagem dos fatos. A seguir é feita uma análise do impacto da informação para a posição competitiva da organização. Ao analisar a informação, é de extrema relevância considerar também os possíveis caminhos que a organização pode seguir, avaliando-se os seus custos e benefícios, bem como as limitações da organização para executar cada um deles. Uma etapa seguinte nessa análise é o estudo de como o ambiente competitivo reagiria perante as ações apresentadas, uma vez que não é apenas o ambiente que impacta na organização; o contrário também ocorre.

As etapas finais do ciclo são a disseminação e a realimentação. A primeira, como o próprio nome diz, prevê a apresentação das alternativas para os tomadores de decisão e a disseminação dessas informações para todas as áreas possivelmente afetadas. Por fim, existe a chamada renovação e motivação. Nesta etapa, o profissional de IC receberá os *feedbacks* sobre como sua informação foi usada para que ele possa aperfeiçoar seu método de trabalho. Além disso, é nessa fase que o gestor de IC reconhece a importância de todos os envolvidos no processo (que muitas vezes não estão na área de IC), para que toda a organização esteja empenhada em repassar informações e conhecimento para a área de IC e, com isso, retroalimentar o ciclo.

Extrapolando o ciclo de inteligência, é importante ressaltar que os profissionais de IC precisam ser tão dinâmicos quanto o próprio ambiente competitivo e, assim, sempre revisar e renovar seu foco. Itens monitorados podem perder o sentido ao longo do tempo e outros podem ganhar muita importância. Conforme exemplificado por Castro e Abreu (2006), a indústria de garrafas de vidro sofreu mudanças drásticas com sua substituição por garrafas PET, entre outras inovações. Portanto, ameaças e oportunidades podem estar presentes nos mais diversos locais, e cabe ao setor de IC antever as mudanças do mercado.

Para ambientes relacionados à gestão de operações, justifica-se o monitoramento constante das informações e o uso de indicadores de desempenho, sendo necessários:

- Alto impacto da informação nas atividades organizacionais.
- Coleta adequada das informações para que elas sejam úteis.
- Informação como instrumento de planejamento de curto e longo prazo, estruturando ações práticas.

É importante ressaltar que toda informação coletada deve ser tratada de forma a gerar um processo de tomada de decisão confiável, uma vez que o ambiente para a sobrevivência organizacional é dinâmico e mutável, segundo Alvarenga Neto (2005). Conforme a Figura 2.2, situa-se na área de planejamento a competência para a inteligência competitiva. Dados relacionados aos níveis de estoques, à contratação de fornecedores, à viabilidade financeira de projetos, à integração de processos, à contratação de transportadores ou operadores logísticos são ali levantados, analisados e disseminados.

Para a presidência das organizações, remete-se o monitoramento dos indicadores de processos, como os exemplos citados acima para a gestão de operações, de tal forma que a inteligência competitiva seja a mais racional possível. No entanto, como reduzir os pontos fracos e possíveis ameaças às organizações? Como avaliar a cadeia de valor de forma a maximizar os resultados?

Maximização dos resultados e cadeia de valor

A gestão de operações é um tema complexo e deve ter as suas atividades desempenhadas da forma mais eficiente possível. Com a finalidade de responder às metas propostas pela presidência das organizações, esta área do conhecimento torna-se vital para atender às demandas consumidoras por produtos ou serviços, desde que as suas ações sejam coordenadas.

Para que isso ocorra, a cadeia de valor trata de desagregar as atividades de relevância estratégica para a gestão de operações, de tal forma que a sua compreensão seja potencializada em busca da diferenciação dos serviços prestados. Para que a organização obtenha a maximização dos resultados e, como consequência, da vantagem competitiva, as atividades mais importantes devem ser executadas pelo menor custo, com margens satisfatórias e um alinhamento de processos com a máxima qualidade empregada em relação à concorrência.

Conforme apresentado no Capítulo 1, tanto as atividades primárias quanto as secundárias devem ser desempenhadas com a máxima integração, para que a agregação de valor aos produtos ou serviços seja perceptível para os clientes.

Compreende-se que a cadeia de valor é um aspecto essencial para a vantagem competitiva e a inteligência competitiva para as organizações, contribuindo com os gestores na identificação das atividades-base para a diferenciação de processos em relação aos concorrentes. Nesse contexto, sugere-se analisar, de forma sistêmica, toda a cadeia de valor e a inter-relação entre as atividades como um sistema de valores.

A compreensão de que a cadeia de valor fragmentada não gera relevância estratégica é primordial para a maximização dos resultados, bem como para uma análise integrada de custos. A obtenção da vantagem competitiva também ocorre por meio de análises econômicas das organizações e da concorrência. Sendo a vantagem competitiva o principal desafio das organizações, a cadeia de valor e a sua inter-relação de atividades têm como principal objetivo para a gestão de operações destacar os processos internos e externos como estruturas robustas de decisão.

A diferenciação para o ambiente de negócios é uma ação que busca maximizar o fluxo de produtos, serviços e informações, sempre relacionando esses critérios de decisão com as principais atividades, sendo elas: (i) mercado, (ii) indicadores e (iii) foco no cliente, em relação à capacidade de suprimentos e transportes, temas explorados com maior profundidade no Capítulo 4.

Para Di Sério e Vasconcellos (2009), a geração de valor em ambientes relacionados à gestão de operações pode ocorrer por meio da redução de custos, sinergia de processos, diferenciação de produtos ou serviços. No entanto, devido ao crescimento da oferta de produtos e serviços, as organizações devem adequar as suas atividades com foco na diversificação de processos, elevando assim as suas receitas, o que se trazduz em maior competitividade.

Assim sendo, a integração da cadeia de valor com a vantagem competitiva, culminando na inteligência competitiva para a gestão de operações, deve considerar que todos os elementos ou componentes do sistema organizacional devem estar alinhados ao processo-chave do negócio. Além disso, o potencial para integrar e coordenar todas as atividades com foco na cadeia de valor possibilita a redução de custos e estende a operação além dos limites da organização, incluindo fornecedores, clientes e o nível de serviço desejado.

Estudo de caso – Embraer

A indústria aeroespacial mundial é um mercado estreito e concorrido, mas conta com uma brasileira entre seus principais players. Orgulho nacional, a Embraer mostra como uma gestão empresarial eficiente e um sistema de parcerias fundamentais levam uma antiga estatal ao sucesso internacional.

A terceira maior empresa aeroespacial do mundo conquistou a atual posição em junho de 2008, quando ultrapassou a canadense Bombardier e chegou mais próximo da Airbus e da Boeing, as duas maiores fabricantes de aeronaves comerciais do planeta. Com 41 anos de experiência em projeto, fabricação, comercialização e pós-venda, a Embraer já produziu cerca de 5 mil aviões, que hoje operam em 88 países nos cinco continentes. Atualmente, a força de trabalho totaliza mais de 17 mil empregados, sendo 94,1% baseados no Brasil.

Com uma base global de clientes e importantes parceiros de renome mundial, a Embraer tem uma significativa participação no mercado e foi a maior exportadora brasileira nos anos de 1999 e 2001 e a segunda maior em 2002, 2003 e 2004. No Brasil, está sediada em São José dos Campos, a cerca de 100 quilômetros da cidade de São Paulo. No exterior, está presente por meio de subsidiárias, escritórios, centros de assistência técnica e distribuição de peças, localizados na Austrália, China, Singapura, Estados Unidos, França e Portugal.

A base da ação empresarial é a satisfação do cliente. A empresa acredita que, a partir daí, consegue desenvolver um negócio de sucesso com alta tecnologia, pessoas qualificadas, atuação global, intensidade de capital e flexibilidade.

A empresa está dividida em três grandes áreas de negócios: aviação comercial, aviação executiva e mercado de defesa e segurança. No mercado de aviação comercial, trabalha com duas famílias de aeronaves, a ERJ 145, com até 50 lugares, em operação em 17 países, e a Embraer 170/190, com até 122 lugares e 39 países na carteira. No mercado de defesa e segurança, apresenta alto desempenho e performance em aeronaves de diversos modelos para operações militares. No mercado de aviação executiva são três famílias de aeronaves, que podem chegar a 22 assentos. A receita líquida de US$ 5,35 bilhões em 2010 distribui-se em 53% na aviação comercial, 21% na aviação executiva, 13% em defesa e segurança e 13% em serviços aeronáuticos e outros. Pesquisa e desenvolvimento recebem investimentos de US$ 144 milhões, enquanto US$ 103 milhões são investidos em propriedades, plantas e equipamentos.

Na indústria global de fabricação de aeronaves, a Embraer tem como fornecedores grandes empresas internacionais, como Honeywell, Liebherr, General Electric, Kawasaki, Parker, Gamesa e Hamilton Sundstrand. Essas empresas são parceiras de risco, que não somente fornecem mais de 85% das peças, mas favorecem o controle de custos da Embraer. Dessa forma, a empresa brasileira consegue privilegiar a dedicação ao projeto das aeronaves e à coordenação do desenvolvimento de produtos.

A experiência da Embraer em trabalhar com parceiros que dividem o risco ajudou-a a perseguir oportunidades oferecidas pelo mercado, como o momento em que decidiu entrar no segmento de jatos de maior porte. Em 1998 a empresa percebeu um hiato na demanda e produção de jatos de 70 a 110 assentos. Resolveu, então, em 1999, investir em uma nova linha, a Embraer 170/190, que a faria competir não apenas com a Bombardier (sua tradicional rival), mas também com a linha de aviões menores da Boeing e da Airbus. A plataforma foi concebida a partir do zero, com um projeto sob medida que poderia conferir os benefícios do peso e da configuração ideais, tornando os aviões significativamente mais econômicos do que os da concorrência. Os executivos sabiam que um fator-chave para o sucesso de uma nova família de aviões, em um mercado dos mais competitivos, seria a rapidez em seu desenvolvimento e a integração no produto das mais avançadas tecnologias.

Para desenvolver a nova linha, a empresa ampliou o número de parceiros estratégicos responsáveis pela entrega de subsistemas completos em vez de componentes, encorajando, assim, o desenvolvimento de relacionamentos mais estreitos com um número reduzido de fornecedores. A quantidade de fornecedores normais foi reduzida de 350 para 22 e o número de parceiros de risco foi ampliado para 16. Esses parceiros arcaram com 66% dos custos totais de desenvolvimento, sendo responsáveis pelo projeto e pelo fornecimento dos segmentos estruturais e dos principais sistemas da aeronave. Os parceiros de risco receberiam uma quantia previamente acordada por unidade vendida, atualizada de acordo com os índices de custos relativos ao setor industrial, mais a maior parte do negócio de peças de reposição. Não havia, entretanto, qualquer compartilhamento de lucros ou receitas com os fornecedores.

A Embraer ficou responsável pela integração de todo o projeto, além do desenho e desenvolvimento da aeronave, fabricação de parte da fuselagem e montagem de todo o conjunto. Logo identificou e envolveu empresas parceiras para atuar na concepção e no desenvolvimento dos demais componentes da parte estrutural, interiores e sistemas.

O resultado de todo esse esforço de integração foi o Embraer 170 ter feito o primeiro voo em fevereiro de 2002, 30 meses depois de seu lançamento, em junho de 1999. Um tempo recorde de desenvolvimento de produtos nesse setor.

A terceirização permitia que a Embraer obtivesse maior qualidade e componentes mais baratos em relação aos seus concorrentes mais verticalizados e integrados horizontalmente, como a Bombardier. Essa estratégia também fornecia maior flexibilidade para lidar com inevitáveis recessões de mercado. Com esse tipo de cadeia de fornecedores e processo de montagem, é mais simples determinar a taxa de produção e são necessários poucos investimentos para aumentar a velocidade produtiva.

O Embraer 170 teve grande aceitação no mercado internacional, apesar da crise do setor de aviação iniciada em 2001.

Exercícios propostos

1. Como a cadeia de valor poderia ser benéfica para a gestão de negócios, em busca da vantagem competitiva?
2. Qual a importância da inteligência competitiva para a gestão de negócios?
3. Qual a relação entre cadeia de valor, cultura organizacional, estratégia e inteligência competitiva?
4. Debata as inter-relações existentes na cadeia de valor, exemplifique a sua aplicação e competências quanto à diferenciação de produto ou serviço.

Gestão de processos e inovação

3

Objetivos do capítulo

- Apresentar a gestão de processos como forma de melhor elucidar o funcionamento das organizações.
- Apresentar variáveis de processos que podem influenciar o desempenho global das organizações.
- Compreender a importância de projetar e/ou reprojetar o funcionamento de determinado setor ou unidade de negócio de uma organização, analisando o seu comportamento por meio de técnicas de gestão de processos.
- Destacar a importância de processos, sobretudo aqueles considerados críticos na organização, por meio de indicadores de desempenho integrados à estratégia da organização.
- Apresentar o conceito de inovação gerenciada como uma opção estratégica das organizações, seus potenciais ganhos em competitividade e desafios pela longevidade.
- Apresentar o estudo de caso da Alstom Grid como um modelo de mapeamento de processos críticos em suas operações no mercado.

Você está no seguinte item em destaque, conforme o mapa mental proposto:

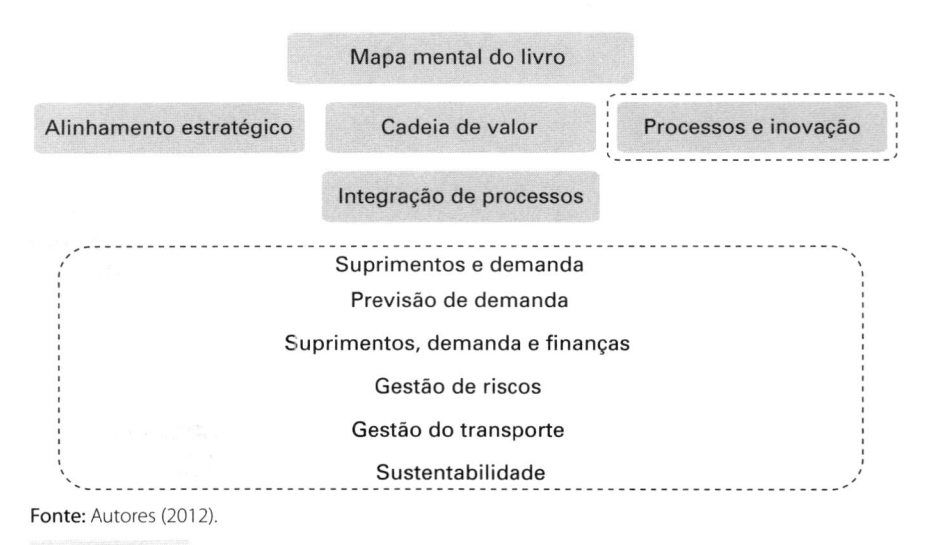

```
                    Mapa mental do livro

Alinhamento estratégico    Cadeia de valor    Processos e inovação

                    Integração de processos

                    Suprimentos e demanda
                    Previsão de demanda
                Suprimentos, demanda e finanças
                    Gestão de riscos
                    Gestão do transporte
                    Sustentabilidade
```

Fonte: Autores (2012).

Figura 3.1 Mapa mental do livro.

Perguntas provocadoras

- Qual o planejamento de curto e longo prazo das organizações? Ele contempla processos de gestão para inovação?
- Qual é o diferencial de organizações que possuem um alinhamento de seus processos à estratégia organizacional?
- Os processos organizacionais são claramente definidos, revisados e geridos para a busca da vantagem competitiva?
- Qual o nível de serviço esperado pelos clientes?
- A estratégia de inovação faz parte da rotina gerencial?

As organizações e o alinhamento estratégico

Um dos principais focos das organizações está na busca pelo melhor funcionamento de todos os processos, com indicadores de desempenho atrelados, compartilhados e foco na percepção de valor para o cliente. Por outro lado, sabe-se que essa tarefa não é nada fácil – não somente porque a concorrência, resultante de um ambiente globalizado, está a cada dia mais presente, mas também porque os produtos, serviços e processos estão cada vez mais parecidos, o que, por sua vez, exige um alinhamento para a cadeia de valor diferenciado.

Esse cenário mercadológico induz as organizações a conduzir o seu processo de trabalho com uma percepção de mercado cada vez maior, gerenciando a sua percepção, capacidade de observação e resposta às demandas com agilidade. Esse ambiente competitivo é citado por D'Aveni (1995), evidenciando que se torna cada vez mais difícil manter as vantagens competitivas estáticas nas organizações, pois estas tendem a ser cada vez mais rapidamente neutralizadas pela concorrência, o que, por sua vez, exige das organizações uma necessidade de criação de novos negócios e inovação.

Percebe-se uma ruptura em relação aos modelos tradicionais de produção, com uma busca de processos relacionados a serviços. Diversos exemplos podem ser relatados: (i) se, no passado, vendiam-se pneus, hoje busca-se vender o serviço com valor calculado por quilômetro rodado, (ii) a tradicional empresa de cópias digitais deve se reposicionar como uma organização de gestão da informação e arquivos eletrônicos, (iii) a tradicional empresa de logística, que antes vendia caminhões, poderia se reposicionar como a responsável por alugar equipamentos por hora trabalhada, (iv) a fabricante de equipamentos eletrônicos vem acumulando experiência no aluguel desses equipamentos, com incrementos de seguros e serviços de manutenção e (v) a empresa de energia, outrora geradora, hoje compartilha os seus ativos no mercado, sendo uma grande prestadora de serviços.

Sendo assim, entende-se que o foco das organizações deve estar na melhoria contínua de todos os processos, diversificando as suas fontes de receita e margens maiores, redefinindo continuamente o melhor caminho a ser seguido.

Portanto, é necessário que cada processo seja concebido e reavaliado seguindo-se uma metodologia clara e que permita guiar cada passo dos gestores, como forma de evitar sobreposições de tarefas ou retrabalhos. Outro aspecto importante é a análise da correlação direta dos processos, de forma cuidadosamente planejada. Essas ações são relevantes para o sucesso da gestão e para a sintonia com as diretrizes estratégicas.

As organizações criam valor à medida que os colaboradores transformam os recursos escassos em produtos e serviços, criando um valor percebido pelo cliente. Já os padrões de interação, coordenação, comunicação e decisões, por meio dos quais se realizam essas transformações, são os processos, de acordo com Christensen e Raynor (2003). Ainda segundo os autores, os processos se diferem não apenas quanto ao propósito, mas também quanto a sua visibilidade. Alguns são formais, sendo documentados de forma explícita e monitorados sistematicamente. Outros são informais, e podem ser identificados como rotinas ou hábitos de trabalho que evoluíram com o tempo, sendo adotados porque funcionam ou porque constituem a cultura organizacional.

Para Bartlett e Ghoshal (2000), o modelo de gestão por processos é capaz de responder aos desafios atuais que vivem as organizações. Normalmente, elas são bem administradas se estiverem inseridas em um cenário com diversas dimensões de escolha, ressaltando-se as escolhas que sejam traduzidas em resultados financeiramente viáveis.

Com tantos fatores mercadológicos e de processos em análise, o desenvolvimento e a implementação da estratégia vão depender do forte compromisso e liderança da direção, de acordo com Porter (1996).

O líder deve saber que escolher o que não fazer é tão importante quanto decidir o que fazer, e que as decisões referentes a um novo posicionamento da empresa no mercado deverão ser orientadas pelo comportamento deste mercado quanto ao desenvolvimento de novos processos sustentáveis em busca da vantagem competitiva.

Para que se possa analisar a vantagem competitiva, normalmente os profissionais da área de estratégia das organizações dividem a empresa em processos e verificam como cada um deles contribui para a composição relativa de custos. O resultado dessa análise segmentada permite aos gestores: (i) compreender o valor agregado da organização, (ii) identificar oportunidades para melhorar seu valor agregado e (iii) prever futuras mudanças na sua cadeia de valor.

A análise do valor agregado é um método útil para julgar a estratégia da empresa e avaliar a importância da sua presença no mercado, o valor dos seus produtos, serviços ofertados e marca e a dimensão da interação entre compradores, fornecedores, concorrentes, demais *stakeholders* e o alinhamento organizacional.

Observe, na Figura 3.2, a importância do alinhamento organizacional na busca pelos resultados esperados, segundo a proposta da cadeia de valor.

Alinhamento organizacional

Qualquer que seja o segmento de atuação de uma organização, é indispensável que os objetivos traçados por ela, assim como os processos e procedimentos para sua execução, estejam em plena sintonia. Porém, há constatações de que a maior parte das organizações não conseguiu harmonizar os processos internos, de maneira que o produto ou serviço chegue ao cliente sem imprevistos que possam comprometer a credibilidade e a imagem da marca.

De acordo com Albuquerque e Rocha (2007), "o atendimento de um pedido depende de um processo interno que envolve várias áreas ou departamentos da organização. O cliente vai julgar o conjunto desse esforço, representado pelo produto ou serviço final". E a qualidade dessa entrega está condicionada ao sincronismo existente entre os setores envolvidos no processo.

(A)

Estratégia (empresarial)

Direção → ← Processos estratégicos

Lideranças → ← Processos setoriais

Resultados desejados (organização)

Força de Trabalho → ← Processos operacionais

Processos (C)   Pessoas (B)

Fonte: ROCHA (2007).

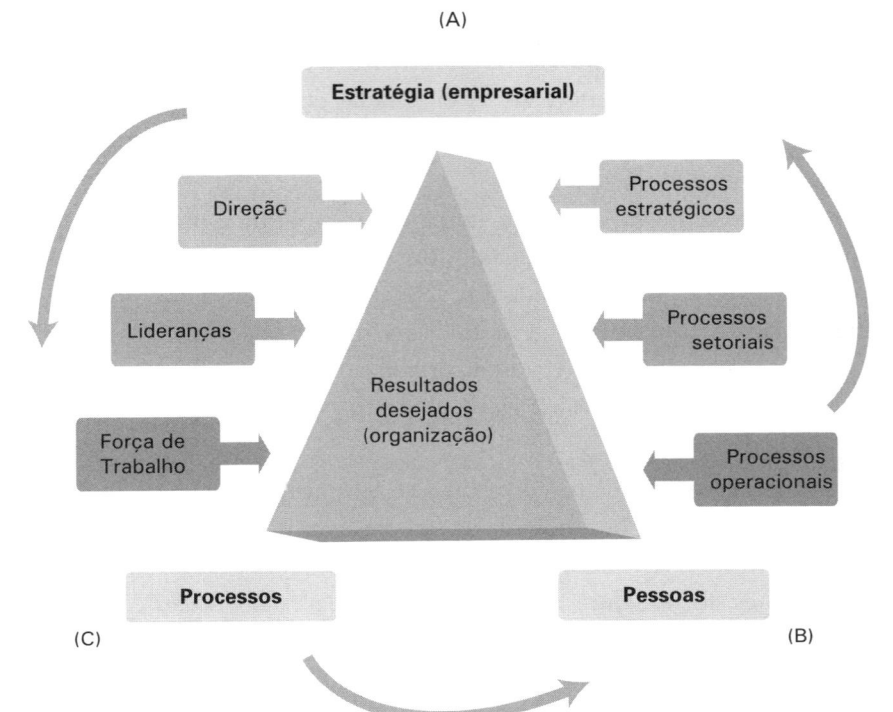

Figura 3.2 Alinhamento organizacional.

Segundo os mesmos autores, há algumas premissas para transformar as organizações em sistemas integrados:

- Sincronismo organizacional implica alinhar os indicadores estratégicos dos processos e de pessoas.
- Para se obter efetivamente o sincronismo organizacional, torna-se necessário trabalhar pela gestão dos processos.
- Toda mudança deve ser regida por diretrizes estratégicas claramente definidas, que reflitam em metas não apenas financeiras, mas também em relação ao mercado, perspectivas internas, capacitações e aprendizagem.
- O monitoramento externo, em especial de clientes e concorrentes, deve ser contínuo, e as mudanças ambientais devem provocar alterações nas metas estratégicas, com o consequente desdobramento no nível dos processos e pessoas.

- Todas as metas e indicadores estratégicos dos processos e de pessoas devem ser quantitativos, qualitativos e com prazo estabelecido.

A característica de formação de processos

Todo processo compõe-se de quatro grandes momentos, com atividades sequenciais e complementares até a obtenção dos resultados finais. A Figura 3.3 descreve o fluxo das atividades típicas de processo:

- As entradas correspondem aos recursos e informações que vão sofrer transformações até a entrega final ao cliente.
- As atividades de operações e logística alinhadas à ação gerencial propiciam agregação de valor às demandas do cliente, em função da sua percepção de qualidade e custos.

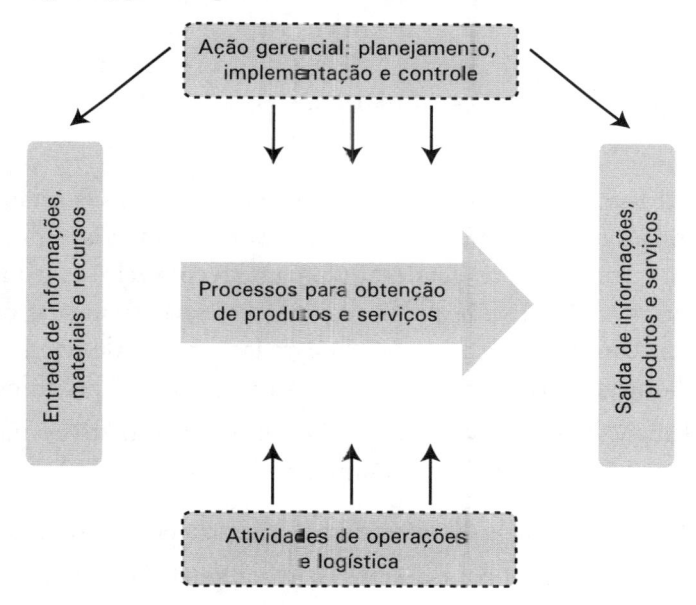

Fonte: Adaptado de MARANHÃO e MACIEIRA (2004).

Figura 3.3 Modelo genérico de processo.

Vale ressaltar que o conceito de valor agregado não está associado obrigatoriamente a critérios de decisão financeiros, mas também aos aspectos intangíveis, como a gestão de processos, atendimento ao cliente e sustentabilidade.

Quando o tema é a gestão de processos, salienta-se a necessidade da gestão de pessoas e de indicadores de desempenho, conforme a Tabela 3.1.

Tabela 3.1 Natureza para serviços.

Natureza do serviço	Destinatário direto do serviço	
	Pessoas	Bens
Ações tangíveis	Processamento com pessoas (serviços dirigidos às pessoas): • Transporte de passageiros • Salão de beleza • Academia de ginástica	Processamento com bens (serviços dirigidos a posses físicas): • Armazenamento/estocagem • Transporte de cargas • Lavanderias • Reparo e manutenção
Ações intangíveis	Processamento com estímulo mental (serviços dirigidos à mente das pessoas): • Propaganda • Transmissões de rádio e TV • Educação • Concertos de música	Processamento com informações (serviços dirigidos a bens intangíveis): • Contabilidade/finanças • Processamento de dados • Serviços jurídicos • Seguros

Fonte: Adaptado de LOVELOCK e WRIGHT (2001).

Sabe-se que muitas organizações não adotam em sua totalidade a gestão por processos. Grande parte delas insiste em manter o poder concentrado e verticalizado em feudos, que guardam com zelo seu campo, pessoal e recursos. O ideal seria que as organizações revisassem suas posturas gerenciais, com foco em processos integrados, em vez de serem conduzidas por abordagens baseadas em funções, áreas, setores ou produtos.

Para Maranhão e Macieira (2004), os possíveis motivos que impedem as empresas de adotarem a gestão por processos são:

- Complexidade do mercado e a exigência por constantes mudanças.
- Dificuldades para desfazer o paradigma da gestão hierárquica e funcional.
- Pouca ou nenhuma visão estratégica do negócio.
- Desconhecimento sobre os clientes e suas necessidades.
- Inexistência de uma cultura organizacional relacionada à gestão de processos.

A organização que adota a gestão por processos acaba por criar um ambiente interno harmônico, agradando aos seus colaboradores, motivando--os a melhorar seu desempenho e a maneira como realizam suas tarefas. Ao mesmo tempo, propicia o desenvolvimento de atributos favoráveis à sua competitividade. É mais provável que esse tipo de organização desenvolva características positivas, referentes à condução dos processos operacionais e suas estratégias, como as descritas na Tabela 3.2.

Tabela 3.2 Características da gestão por processos.

Características que podem ser desenvolvidas	Detalhamento da característica
Alinhamento dos processos com a missão, a visão e as estratégias organizacionais (alinhamento estratégico)	• Planejamento como uma função imperativa. • Processos constantemente aperfeiçoados. • Redução da complexidade organizacional, devido à implementação de tecnologias..
Conhecimento aprofundado dos processo de trabalho existentes na organização	• Aumento da complexidade de mercado e consequente gestão de processos como algo natural às organizações. • Processos constantemente revisados. • Processos e estrutura organizacional constantemente revisados. • Processos e consequente redução de custos. • Identificação e eliminação de processos em duplicidade, inconsistentes ou inexistentes. • Identificação de processos que podem ou devem ser terceirizados. • Facilitação para sistematizar as melhorias contínuas. • Melhoria de visualização da ambiência externa. • Identificação e solução de problemas agudos ou crônicos.
Tendência à padronização dos processos em função dos muitos benefícios decorrentes	• Processos padronizados e consequente redução de custos. • Redução de custos – refere-se a maior eficiência, e não somente a redução de pessoal. • Padronização de processos como metodologia de flexibilidade organizacional.
Utilização de instrumentos de mudança específicos e poderosos como, por exemplo, a tecnologia da informação	• Tecnologia da informação, para facilitar a integração de processos. • Integração entre tecnologia da informação e pessoal, como um modelo de sucesso organizacional.

Fonte: Adaptado de MARANHÃO e MACIEIRA (2004).

Aperfeiçoamento de processos

O aperfeiçoamento resume-se na realização de um conjunto de atividades complementares que induzem a um melhor desempenho das equipes de trabalho. Apesar das diferenças entre as organizações, que variam conforme o segmento de atuação, porte e modelos de gestão, existem alguns procedimentos básicos de aperfeiçoamento nesse ambiente.

Harrington (1988) apresentou uma lista desses procedimentos, baseada na experiência bem-sucedida de algumas organizações multinacionais, como AT&T, Avon, Corning Glass, General Motors, Hewlett-Packard, IBM, Polaroid e 3M, conforme a seguir:

1) **Obter o compromisso da alta direção da empresa**: a cúpula deve ter convicção de que a organização é capaz de fazer melhor do que já está sendo feito.

2) **Criar um grupo administrativo para orientar o aperfeiçoamento**: formado por representantes dos executivos sêniores e dos colaboradores, com a responsabilidade de identificar as necessidades de melhorias da organização e de suas unidades de negócios, bem como implantar os processos de aperfeiçoamento.

3) **Obter a efetiva participação da gerência**: cada gerente deve ser conscientizado da nova postura da empresa e do papel dos processos de aperfeiçoamento.

4) **Assegurar a participação dos empregados**: todos os níveis funcionais devem ser envolvidos no compromisso de aperfeiçoar o sistema e seus processos.

5) **Obter o comprometimento individual**: é preciso desenvolver mecanismos para que cada indivíduo possa dar sua parcela de contribuição, ser avaliado e reconhecido por isso.

6) **Organizar equipes para o controle dos processos**: formadas por representantes de cada área envolvida no processo, essas equipes serão responsáveis pela elaboração de fluxos de processos integrados e medidos por indicadores de desempenho.

7) **Envolver os fornecedores nas atividades**: não é aconselhável ignorar contribuições vindas dos fornecedores.

8) **Garantir a qualidade dos sistemas**: os esforços para garantir a qualidade do produto ou serviço devem ser direcionados para os

sistemas de controle dos processos, a fim de que as melhorias atinjam as operações, prevenindo-se, consequentemente, a ocorrência de problemas.

9) **Implementar planos de qualidade de curto prazo e estratégias de qualidade de longo prazo**: é preciso assegurar a compreensão da estratégia por todas as equipes envolvidas nos processos de aperfeiçoamento e prever avaliações periódicas dos esforços de cada área para garantir o cumprimento da estratégia de longo prazo.

10) **Estabelecer medidas de reconhecimento e recompensa:** premiar é tanto uma forma de reconhecer os esforços dos empregados por terem alcançado suas metas, como também o melhor incentivo para que eles se esforcem cada vez mais para atingir níveis mais altos de realizações.

Ainda segundo Harrington (1988), para corrigir os erros cometidos, as organizações não devem punir pessoas – "elas não são o problema" –, mas, sim, concentrar os esforços na reformulação ou reestruturação dos sistemas operacionais ou processos, porque são eles que determinam o desempenho para o mercado. É preciso que os processos sejam rigorosamente executados e constantemente atualizados, aperfeiçoados ou revisados.

Antes de iniciar o projeto de implementação de aperfeiçoamento, a equipe responsável deve identificar quais são os erros e onde estão localizados para definir pontos de controle que permitam avaliar de perto sua origem e, finalmente, buscar as soluções de correção, direcionando-as para cada área ou setor em que tenha sido descoberto algum problema. Essas informações também serão úteis para a decisão a respeito de investimentos em equipamentos, treinamento ou mudanças nos procedimentos. Na Tabela 3.3 estão as fases pelas quais passa um processo típico.

Tabela 3.3 Fases do ciclo de vida do processo.

Fases	Procedimentos
Fora do controle	• Normalmente acontece durante a evolução do processo, até que ele seja controlado. • A equipe deve identificar e controlar cada ponto do processo que esteja causando o descontrole.

continua

continuação

Fases	Procedimentos
Estável	• A estabilização do processo é progressiva, mas, nessa fase, a equipe já deve ter conseguido controlar os pontos vulneráveis. • A equipe passa a se dedicar aos problemas mais resistentes, de forma sistemática, para aperfeiçoar o produto/serviço de acordo com o que o cliente espera.
Aperfeiçoamento etapa por etapa	• É a fase da avaliação do processo e escolha dos aperfeiçoamentos necessários, tendo o objetivo de controlar elementos que influenciam na composição do produto, tais como custo, facilidade para execução, dimensão do impacto sobre o cliente. • Cada prioridade é avaliada e modificada (se for o caso) uma a uma, possibilitando medir-se o impacto da mudança sobre todo o processo e não somente sobre a etapa avaliada.
Satisfação do cliente (aperfeiçoamento contínuo)	• Nesse momento já existem evidências estatísticas de que o produto alcançou alto grau de aceitação entre os clientes. • É preciso alertar para as constantes mudanças nas preferências e desejos dos clientes, por isso, é importante que o produto seja submetido a processos contínuos de aperfeiçoamento.

Fonte: Adaptado de HARRINGTON (1998).

Inovação nas organizações

A inovação é considerada uma opção estratégica, sendo útil para criar um ambiente favorável ao envolvimento do maior número possível de colaboradores e parceiros de processo, envolvendo a cultura e a estrutura e estabelecendo indicadores que permitam não apenas acompanhar, mas também incentivar e desenvolver a capacidade criativa das organizações.

A necessidade de inovação pode ser determinada, dentre outros aspectos, pelo ciclo de vida do produto ou serviço, o qual se inicia em seu desenvolvimento, passando por uma fase de crescimento comercial, atingindo a maturidade e, posteriormente, o seu declínio. Em um mundo em que o ciclo de vida do novo modelo de um produto ou serviço leva cada vez menos tempo para ser desenvolvido, torna-se importante ter a capacidade para novas versões e processos, que executem as suas atividades cada vez mais rápido.

Com isso em mente, pode-se concluir que o processo precisa ser repetido para novas oportunidades, despertando-se daí a necessidade e a importância da inovação. Porém, é preciso ter em mente que, para cada novo ciclo, as variáveis são outras, ou porque existem mudanças de mercado ou mesmo pela existência de novas tecnologias. Assim, torna-se cada vez mais difícil inovar, e o foco se transfere para as novas oportunidades que podem ser desenvolvidas, de forma a representar o sucesso comercial organizacional.

Há também a influência determinante da globalização dos mercados, que leva à competição direta entre produtos ou serviços brasileiros e estrangeiros, os quais podem ser mais competitivos em preço e em tecnologia embarcada. Esse ambiente cada vez mais competitivo se mostra muitas vezes hostil para o mercado brasileiro, com a consequente retirada do ambiente competitivo. As organizações sobreviventes se veem obrigadas a continuar atuando, e algumas delas buscam a gestão da inovação como melhoria contínua.

Enquanto os novos produtos ou serviços são vistos no mercado como a crista da inovação, o processo de inovação desempenha um papel estratégico igualmente importante, segundo Coral (2008). Ser capaz de fazer algo que até então ninguém fez, ou de fazê-lo de um modo melhor que outrem, representa uma real vantagem.

A percepção da importância da inovação e suas consequências fizeram-se sentir tardiamente em países do antigo terceiro mundo, alguns dos quais denominados atualmente "em desenvolvimento". Mas o caminho a ser percorrido é sem volta. A inovação é um tema que se impõe na agenda deste início de século de forma inabalável, e o Brasil, bem como suas empresas, reúne todas as condições para assumir uma posição de vanguarda no processo, de acordo com Salum e Jardim (2010).

A necessidade de inovação passou a ser um consenso entre todos os atores envolvidos no processo: organizações, parceiros estratégicos, governo, clientes e universidades. O comportamento inovador tornou-se um dos principais diferenciais das economias, com impactos no seu nível de desenvolvimento, índices de crescimento e dinamismo, destacando-se como um dos grandes responsáveis pelos ganhos de competitividade. A inovação passa a significar não apenas o desenvolvimento tecnológico, mas também de produtos, processos, modelos de gestão e de negócios.

Há diferenças básicas entre inovação, invenção e criatividade. A invenção é a criação de novas tecnologias, processos e produtos, que tem o conhecimento como base de avaliação da novidade, e não sua aplicação comercial ou geração de resultado. A criatividade, por sua vez, tem sido definida pelos especialistas como a emergência de algo único e original, muitas vezes associada a habilidades cognitivas, processos psicológicos envolvidos com o conhecimento, compreensão, percepção e aprendizagem. Apesar de a maioria dos estudos sobre criatividade estar associada às teorias psicanalítica, comportamental, da gestalt e da psicologia humanista, alguns autores atribuem às organizações a capacidade criativa ou, às vezes, os bloqueios criativos, de acordo com Arruda e Rossi (2009).

Afinal, o que é inovação?

O conceito de inovação é bastante variado e depende, principalmente, de sua aplicação. Etimologicamente, a palavra "inovação" deriva da palavra latina *innovare*, que significa "fazer qualquer coisa de novo". Conforme o Dicionário Aurélio, inovação tem como significado "ato ou efeito de inovar". Já o termo inovar significa "tornar novo, renovar, introduzir novidade". Porém, a introdução de uma novidade em um determinado mercado não caracteriza por si só uma inovação. É necessário que tal inovação seja percebida, e aceita, pelos clientes. É mais do que simplesmente ter boas ideias; é um processo de amadurecimento que conduz à sua utilização prática, segundo Coral (2008).

Um dos problemas que a gestão da inovação tem é este conceito ser muitas vezes confundido com invenção. Assim, as definições e conceitos de inovação podem variar na sua expressão, mas têm em comum a necessidade de complementar as vertentes do desenvolvimento e a exploração de um conhecimento novo, não apenas a sua invenção. Ser um bom inventor não é garantia de sucesso comercial, por melhor que seja a ideia original. O mundo só virá bater-nos à porta se também cuidarmos da gestão do projeto, do desenvolvimento comercial, da gestão financeira e do comportamento organizacional, entre os demais aspectos organizacionais.

Outro erro comum está em confundir inovação e o processo de inovação com melhoria contínua e processos relacionados a esse tema. Para que uma inovação seja caracterizada como tal, é necessário causar um impacto significativo no aumento de faturamento, acesso a novos mercados, ampliação nas margens de lucros e novos clientes. As melhorias contínuas normalmente não são capazes de criar vantagens competitivas de médio e longo prazo, mas de manter a competitividade dos produtos em termos de custo.

ceiros e fornecedores. Por isso, deve estar totalmente alinhada com a visão estratégica e de mercado. Nesse processo, destaca-se o papel fundamental da liderança na criação de um ambiente favorável e integrador. Cabe ainda à alta direção promover a inovação com base na disseminação dos valores estratégicos, patrocínio das ideias e construção e alinhamento da estratégia de inovação aos processos corporativos. Também é importante envolver os colaboradores, de forma proativa e entre áreas, sendo assim muito bem orquestrados na busca por sinais do mercado que ajudem a antecipar problemas e encontrar soluções criativas.

Cultura da inovação

Para estimular a inovação, não basta definir sua importância na posição estratégica da organização ou alocar capital e esforços à produção do conhecimento. É fundamental que a cultura e o clima organizacional sejam favoráveis à busca da inovação e à manifestação criativa. Trata-se de um sistema em que a rotina se inspira na cultura e, ao mesmo tempo, estabelece suas características e diretrizes. É importante destacar que uma cultura é enraizada apenas quando há consenso e intensidade nas práticas organizacionais.

Cada organização possui sua própria cultura, com características peculiares e diferentes de qualquer outra, pois reflete as atitudes dos colaboradores e os valores trabalhados. Para inovar, os colaboradores devem tender a criar e transmitir conhecimento, em vez de manifestar aversão ao risco. A cultura pró-inovação deve ser um objetivo estratégico e condizente com essa orientação. O corpo gerencial é responsável pela manutenção de um ambiente propício à criação de ideias, minimizando o que pode impedir ou inibir a criatividade individual e combinando as diferentes perspectivas e experiências.

A cultura organizacional pode, portanto, inibir ou estimular a tendência à inovação. Mas seria um erro identificar isoladamente uma cultura e atribuir a ela a receita do sucesso ou fracasso, sem levar em conta as peculiaridades de cada organização.

Gestão da inovação

Como a inovação está no centro das vantagens competitivas, ela deve ser associada a elementos antagônicos, como oportunidades promissoras e riscos de fracasso, dependendo dos resultados que é capaz de gerar ou da maneira como é desenvolvida. Com uma gestão eficaz da inovação – processo multifuncional que relaciona oportunidades e necessidades externas e internas, ideias, pesquisas, desenvolvimento, modelo de negócio e implementação –, a empresa consegue reduzir incertezas, prazos e custos no desenvolvimento de novos produtos, serviços, processos e negócios.

A maioria das empresas ainda atua com uma visão míope, focada apenas na busca de melhorias e investimentos em projetos de curto prazo, com baixo risco e resultados rápidos, maior controle das variáveis e menos incertezas. Trata-se, no entanto, de uma prática obsoleta para os tempos atuais e conflitante com a gestão integrada da inovação, que, entre outras coisas, requer uma postura diferenciada, com visão de longo prazo e investimento permanente. A prática de algumas empresas mais inovadoras mostra que, além da pesquisa e do investimento contínuo em desenvolvimento, o grande desafio para sobreviver no mercado está centrado na capacidade de antecipar o futuro.

Utilizando ferramentas gerenciais para análise de cenários, a organização pode captar no presente os sinais do futuro que podem garantir sua vantagem competitiva, sobrevivência e superação das expectativas dos clientes. São práticas que fazem toda a diferença e colaboram para o sucesso da gestão da inovação e a minimização dos riscos.

Gestão de processos

Apesar de chamar muita atenção, a geração de ideias é apenas uma das etapas básicas do processo de inovação, e talvez a mais fácil, pois a empresa precisa escutar e conhecer melhor seu mercado. O gargalo da inovação está em processar essas ideias, que, muitas vezes, são apenas fragmentos de ideias brilhantes que precisam ser lapidadas, agrupadas e transformadas em resultado. Como a inovação é um processo, pode ser implementada em diferentes níveis e situações. Em vários estudos, observa-se que os processos de inovação têm impactos e resultados distintos de curto prazo, associados à melhoria contínua ou à revisão de sistemas operacionais.

Há sistemas de geração espontânea de ideias em que os colaboradores, clientes e associados são convidados a contribuir, de forma contínua, para a melhoria das rotinas, simplificação de processos administrativos ou novas soluções tecnológicas e de produtos, baseadas em conhecimentos não aplicados com frequência nas empresas.

As plataformas de inovação são processos com impactos de médio prazo, mas que permitem avanços em novos negócios e mercados. O fundamental é a causa – fator indutor do processo. Observa-se que, nos casos de sucesso, o executivo principal da organização tinha um sonho ou percebia oportunidades de mercado. Isso gerou uma sinergia na organização, agrupando em torno da plataforma não apenas suas competências e recursos, mas também os de seus parceiros.

Os processos de inovação de longo prazo envolvem grande complexidade tecnológica e/ou mercadológica. Casos extremos de inovação com alta incerteza tecnológica e mercadológica, em que não se sabe como fazer (*know-how*), nem qual será o mercado-alvo (*know-who*), são tratados no nível mais alto da empresa, na forma de *venturing*.

Indicadores de processos inovadores

Tão importante quanto o investimento em inovação é a avaliação do retorno obtido com os processos inovadores. Estes permitem estabelecer metas quantitativas para medir e analisar o desempenho na inovação e, a qualquer momento, dinamizar o processo, redefinindo ações e metas para melhoria contínua.

Pesquisas realizadas pelo Núcleo de Inovação da FDC identificaram os indicadores de inovação mais utilizados pelos *Balanced Scorecard* das 500 maiores empresas brasileiras, revelando que a maioria delas controlava apenas o resultado da inovação, deixando de mensurar e acompanhar os processos e fatores críticos que podem impactar esses resultados.

Tipos de inovação

As diferentes formas de inovação podem ser classificadas de diversas maneiras. Os autores clássicos do tema, como Oslo (1996), Coral (2008) e Tidd (2005), a classificam em diferentes tipos:

- Inovação de produto: consiste na introdução de um benefício ou serviço novo ou na modificação de algo já existente, em relação às suas características ou usos pretendidos, modificando a forma como ele é percebido pelos consumidores. Inclui melhorias significativas em suas especificações técnicas, componentes e materiais, software, interface com usuário ou características funcionais.

- Inovação de processo: consiste na introdução de um novo ou significativamente melhorado processo produtivo ou serviço (envolve técnicas, equipamentos e software utilizados para produzir benefícios ou serviços) ou entrega (interesse na logística da organização e embalagem do equipamento, software e técnicos para fornecer materiais e alocar suprimentos na empresa, ou métodos de entrega de produtos acabados). Não gera necessariamente impacto no produto final, mas produz benefícios no processo de produção, geralmente com aumentos de produtividade e redução de custos.
- Inovação de modelo de negócio: consiste em mudanças no modelo de negócios, ou seja, na forma como o produto ou serviço é oferecido ao mercado, não implicando necessariamente em mudanças no produto ou mesmo no processo com que ele é produzido (podem incluir mudanças na aparência do produto e sua embalagem, na divulgação e distribuição do produto e em métodos para definir preços de benefícios e serviços).

Meios para inovar

As práticas organizacionais contemporâneas ainda estão majoritariamente fundamentadas na geração de inovações exclusivamente dentro de seus limites organizacionais. São os clássicos modelos de inovação fechada, em que a área de pesquisa e desenvolvimento (P&D) busca encontrar soluções por meio de esforços próprios, sem a interação com agentes externos.

De maneira geral, as estratégias empresariais tradicionais são inspiradas em propriedade e controle como pontos fundamentais ao sucesso, levando as organizações a construir posições defensáveis contra a concorrência, em vez da promoção de interações com agentes externos, com o intuito de buscar (ou ofertar) conhecimentos e tecnologias, além de associar competências e esforços para a geração de inovações que, possivelmente, não poderiam ser criadas exclusivamente sob as fronteiras da organização, de acordo com Rossi (2008).

Para gerar mais valor e ganhar competitividade, algumas organizações vêm adotando modelos de gestão como alternativa às tradicionais práticas de inovação. Esses modelos têm como objetivo alcançar a inovação por meio de parcerias com fornecedores, clientes, universidades e Institutos de Ciência e Tecnologia ICTs.

Inovação aberta (*open innovation*): A ideia por trás da inovação aberta é a de um mundo em que as informações sejam livremente distribuídas, onde as organizações não apliquem inteiramente seus recursos em pesquisas, passando a comprar ou licenciar processos de inovações (como patentes) de outras organizações. Nesse contexto, as invenções internas que não forem utilizadas nos negócios das organizações devem ser licenciadas no mercado. Assim, na inovação aberta, existe um fluxo de recursos e conhecimentos se movendo entre as organizações, de modo que a companhia colabora com clientes, parceiros e até mesmo com concorrentes, tendo a inovação como alvo, como mostra a Figura 3.5:

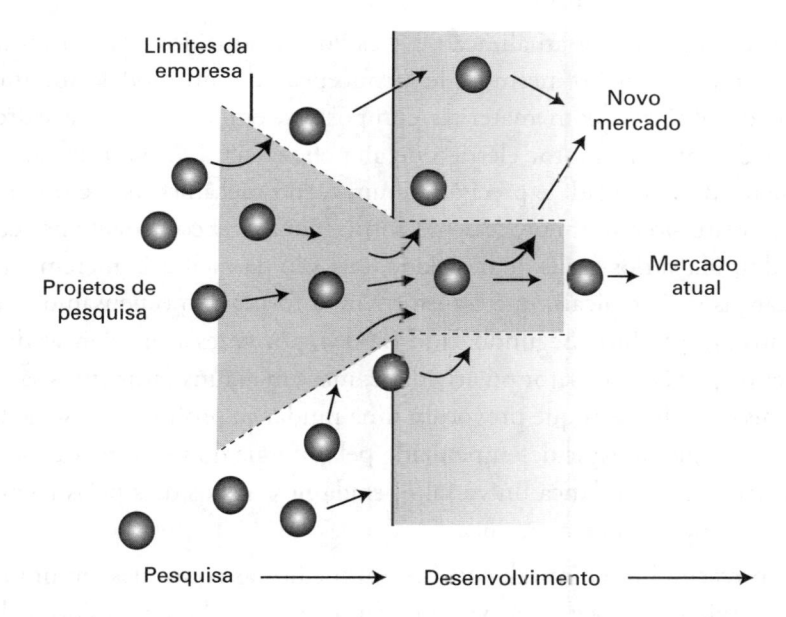

Fonte: CHESBROUGH (2003).

Figura 3.5 Sistema aberto de inovação.

Rede de inovação: consiste em uma teia de pessoas, instituições ou empresas externas a uma organização que a ajudam a resolver problemas ou propõem novas ideias em forma de parceria. Isso não é nenhuma novidade, porém, está se tornando cada vez mais importante para as organizações.

Assim, essas mudanças podem estar presentes naquilo (produto ou serviço) que uma empresa pode oferecer ou em seus ciclos de criação e distribuição.

Os serviços são um caso específico em que muitas vezes se verifica uma integração da inovação de processo e a inovação de produto. Um exemplo é um novo pacote de férias. Será que há mudança de produto ou de processo? Deve-se estar alerta para o fato de que a inovação pode ocorrer quando se reequaciona a percepção de um produto ou processo já existente: um produto que possui uma finalidade inicial e que é relançado com outra finalidade.

Grau de inovação

Os modelos clássicos de inovação propõem uma divisão para o grau de impacto de uma determinada inovação.

É evidente que a atualização e o estilo introduzidos em um modelo de automóvel não é o mesmo que a concepção de um modelo totalmente novo, fabricado com materiais compósitos, em vez de aço e vidro, e equipado com um motor elétrico de alta eficiência. Do mesmo modo, o aumento da velocidade e precisão de um torno mecânico não é o mesmo que substituí-lo por um processo de perfilagem a *laser* controlado por computador. Há vários graus de novidade, que vão da melhoria incremental a mudanças mais radicais, que transformam a forma como pensamos e utilizamos um produto. Segundo Tidd (2005), por vezes as mudanças dizem respeito apenas a um setor ou atividade, mas em alguns momentos são tão radicais e inatingíveis que provocam uma mudança profunda na sociedade – por exemplo, o papel desempenhado pela energia do vapor na Revolução Industrial ou a mudança universal operada nos nossos dias pelas tecnologias de computação e comunicação.

Inovação incremental: consiste em melhorias contínuas em um produto, serviço ou processo já existente, cujo desempenho tenha sido melhorado. Representam pequenos avanços nos benefícios percebidos pelo consumidor e não modificam de forma significativa a forma como o produto ou serviço é consumido ou o modelo de negócio.

Inovação radical: produto, serviço ou processo cujas características, atributos ou uso diferem significativamente, se comparados aos produtos e processos existentes. Tais inovações podem envolver tecnologias radicalmente novas ou se basear na combinação de tecnologias existentes para novos usos. Geralmente traz um novo paradigma ao segmento de mercado, que modifica o modelo de negócios vigente.

	Nova	**Semirradical**	**Radical**

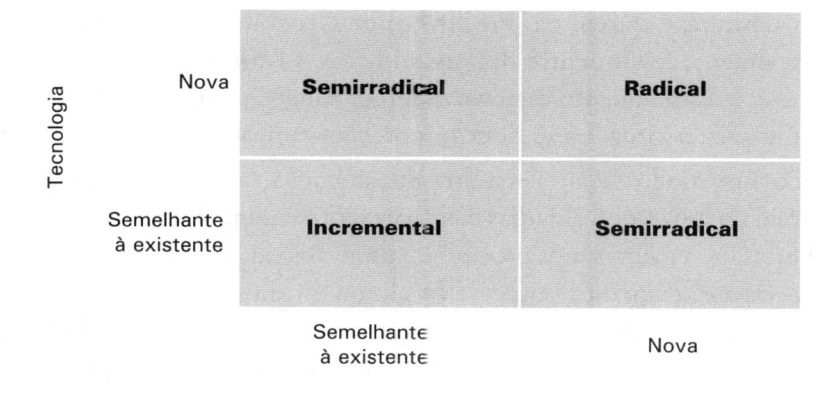

Matriz com eixos: Tecnologia (vertical: Semelhante à existente / Nova) e Modelo de Negócios (horizontal: Semelhante à existente / Nova).

- Tecnologia Nova + Modelo Semelhante: **Semirradical**
- Tecnologia Nova + Modelo Novo: **Radical**
- Tecnologia Semelhante + Modelo Semelhante: **Incremental**
- Tecnologia Semelhante + Modelo Novo: **Semirradical**

Fonte: DAVILA, T.; EPSTEIN, M.; SHELTON, R. *As regras da inovação: como gerenciar, como medir, como lucrar.* Porto Alegre: Bookman, 2007.

Figura 3.6 Matriz de inovação.

É importante não desprezar o potencial da mudança incremental sustentada. Segundo Tidd (2005), estudos sobre o desenvolvimento do processo incremental sugerem que os ganhos integrados na eficiência ao longo do tempo são geralmente maiores do que aqueles resultantes de mudanças radicais ocasionais.

As melhorias contínuas desse tipo têm merecido, nos últimos anos, uma especial atenção por parte do movimento de "gestão da qualidade total", com especial atenção aos ganhos significativos alcançados por fabricantes japoneses na melhoria da qualidade e da produtividade, por intermédio da mudança incremental sustentada.

Já a inovação radical traz consigo uma revolução tecnológica, levando à extinção do que existia antes dela, como aconteceu com o telex por conta do telefone ou com os LPs por causa do CD. É fortemente baseada na pesquisa científica e tecnológica, originando-se nas empresas e por meio de parcerias com universidades e institutos de pesquisa. Caracteriza-se na forma de projetos de desenvolvimento com significativo risco e investimento, podendo levar anos para atingir resultados tangíveis (quando atinge). Por outro lado, quando uma inovação radical tem aceitação comercial, os lucros da empresa oriundos dela chegam a ser várias vezes maiores do que produtos com inovações incrementais. Inovações incrementais são mais seguras, baratas e trazem retorno em tempo razoável mais facilmente, pois são geralmente feitas dentro das organizações. O curso das inovações nas empresas é normalmente caracterizado por longos períodos de inovações incrementais, pontuado por poucas inovações radicais.

De um modo geral, a maioria das organizações trabalha sobre um portfólio de inovações, algumas das quais representam desenvolvimentos e melhorias incrementais nos processos e produtos existentes e que já se provaram viáveis, enquanto outras se focalizam em mudanças mais radicais. Uma das capacidades-chave em uma gestão da inovação eficaz é o balanceamento da composição desse portfólio, combinando-o às competências e capacidades da empresa em tecnologia e aos mercados

O apetite de criar, nem que seja por um curto espaço de tempo, a vantagem de oferecer algo que ninguém mais pode leva as empresas a investigar não apenas inovações que utilizam o conhecimento tecnológico existente, mas também aquelas que abrem espaço para mudar as regras do jogo. Segundo Tidd (2005), a inovação tem o poder de criar e transformar estruturas indústrias, como, por exemplo, no caso da máquina de escrever, do computador e do automóvel.

Essas transformações são frequentes e nenhuma indústria está imune a elas. Podem ser desencadeadas pelo desenvolvimento tecnológico e, quando isso acontece, são geralmente as empresas recém-chegadas ao mercado que obtêm o sucesso de surfar na nova onda. Esse efeito é uma consequência de serem empresas pequenas, capazes de tomar decisões mais rapidamente e, acima de tudo, porque não estão presas, física e mentalmente, ao peso da antiga tecnologia.

É importante ressaltar que, em alguns casos, a fonte da tecnologia que pode desestabilizar toda uma indústria pode ter origem exterior a ela própria. Em outras palavras, mesmo as organizações altamente rentáveis que investem tempo e meios na investigação, na tentativa de se manterem na fronteira tecnológica do seu negócio, podem ser atraiçoadas pela entrada no mercado de algo novo que tenha sido desenvolvido em um campo completamente diferente.

Assim, fica claro que a gestão da inovação também incorpora a capacidade de captar os sinais da mudança e, ao mesmo tempo, a prontidão para partir para novas áreas, abandonando de vez as anteriores.

Estudo de caso – Alstom Grid

Como gerenciar pesquisa e desenvolvimento dentro de unidades industriais trabalhando a todo vapor? Os centros de competência da Alstom encaram o desafio e entregam resultados, pesquisas e inovação, além de reflexões importantes sobre processos, estrutura e proximidade com o cliente.

O Grupo Alstom divide-se em quatro empresas, situadas em três tipos de atividade industrial. Em equipamentos e serviços para a geração de energia, a organização mantém a *Alstom Power* – para geração térmica – e a *Alstom Renewable Power* – para energia eólica. A *Alstom Transport* faz trens, trens de alta velocidade e metrôs, enquanto a *Alstom Grid* é responsável por equipamentos e serviços para a transmissão de energia. É especificamente da Alstom Grid que trataremos aqui, com enfoque nos centros de competência. Na divisão da Alstom Grid por linhas de produto, a linha *Instrument Transformer* é a controladora da subdivisão *Power Compensation*, que tem em Itajubá, Minas Gerais, as fábricas e os centros de competência em reatores e bobinas de bloqueio. Há outras unidades e fábricas na Finlândia, na Índia e no Mexico.

O centro de competência para reatores foi criado em 2006. Na época, a empresa não tinha ideia do que seria a área, mas buscou informações e referências no mercado para montar uma estrutura robusta de pesquisa e desenvolvimento. No ano seguinte já desenvolvia a terceira tecnologia para reatores de alta potência. Em 2008, a aquisição da Nokian Capacitors, na Finlândia, promoveu uma integração e uma transferência de tecnologia que ainda estão acontecendo no presente. Como as tecnologias vêm de diferentes partes do mundo, o processo de transferência é delicado e consiste em um grande desafio, com muitas informações e detalhes técnicos a serem trabalhados.

Os desafios técnicos nessa área são realmente grandes, especialmente em desenvolvimento e pesquisa de produtos. A equipe busca encontrar soluções para o seu cliente, muitas vezes fatores decisivos para ganhar um projeto. No entanto, ainda que tenha um nível de importância crucial para a empresa, inclusive em termos administrativo-financeiros, trata-se de uma equipe pequena, que não consegue trabalhar focada em um único projeto de cada vez. O setor de P&D é responsável por novos produtos, transferência de tecnologia, *redesign* do custo – redesenhar o equipamento para diminuir custos – e projetos de pesquisa com estudos técnicos, investigações técnicas e modelos de cálculo. A área também trata da melhoria de processos e dá atenção especial aos projetos curtos – de rápida implementação, mas que envolvem muitos cuidados e riscos em manter a qualidade do negócio.

Entre os principais projetos implantados desde 2006 está o desenvolvimento do reator de alta potência, um produto novo para a empresa, mas uma tecnologia que o concorrente já tinha. Um dos projetos de pesquisa básica foi o desenvolvimento de um programa para calcular o ruído gerado por equipamentos, uma demanda de muitas especificações, desenvolvida em conjunto com uma universidade. Já o projeto de desenvolvimento de um produto inédito no mercado mundial foi uma demanda específica de um cliente que queria um equipamento a seco – quando só existia a óleo – e menor. Foi um passo de ruptura importante para o setor de P&D da Alstom Grid no Brasil.

O desenvolvimento do reator de alta potência, por exemplo, foi um grande aprendizado sobre a estruturação da área e a dificuldade de se trabalhar sem dedicação exclusiva a cada projeto. Nesse caso, era necessário criar um processo industrial totalmente novo, com a junção de equipamentos de diferentes indústrias. Mas a produção normal da fábrica não podia parar. A engenharia do dia a dia é sempre a prioridade, com metas de faturamento e resultados mais reais do que os projetos novos. Aparece, nesse momento, a carência de um centro de pesquisa e desenvolvimento dentro da organização. Os centros de competência existentes estão dentro da conjuntura de unidades específicas, que já têm uma história, linhas de produção prioritárias, logística e tecnologia próprias.

O modelo atual de gestão, centralizado sob o controle da Alstom Grid na Europa, tende a se enfraquecer. A organização vem mudando nos últimos dez anos. A estratégia prevista é implantar as competências, especialmente de pesquisa e desenvolvimento, o mais próximo possível da comunicação e, consequentemente, do cliente.

Nesse sentido, a Alstom Grid apresenta o trabalho que vem sendo realizado com o que chama de *Transmission Users Group*. O projeto é uma experiência inédita na América Latina de proximidade efetiva com o cliente, buscando em conjunto soluções tecnológicas para os seus produtos. O objetivo é criar uma comunidade técnica focada no desenvolvimento de produtos e sistemas de serviços por meio de uma canal direto de comunicação entre equipes de desenvolvimento da Alstom e usuários, dentro de um conceito que trata o cliente como o foco principal de qualquer iniciativa.

Aos clientes, é dada a oportunidade de influenciar os desenvolvimentos futuros da área de pesquisa e desenvolvimento, além de interagir entre si para troca de experiências e conhecimento. Para a Alstom, a oportunidade é de se aproximar dos seus clientes fora do processo comercial e discutir desde a parte técnica até o valor agregado do produto.

Na prática, a comunidade do *Transmission Users Group* se estabelece em um evento que já aconteceu nas unidades da Alstom na Índia e no Oriente Médio e, no início de 2011, no Guarujá, em São Paulo. A edição da América Latina recebeu 82 clientes de 40 companhias e reuniu todos os elementos das demais edições: conjunto de palestras envolvendo os temas técnicos e os objetivos do grupo, sessões plenárias para discutir assuntos escolhidos como interesse geral e necessidades do contexto técnico local, grupos de trabalho divididos de acordo com os assuntos técnicos específicos da área de cada um e uma Smart Village, projeto interativo que reunia em um mesmo ambiente maquetes de produtos e produtos reais para que clientes e especialistas pudessem ver, tocar, trocar experiências, questionamentos e ideias.

O *Transmission Users Group*, que tem previsão para acontecer a cada dois anos, é considerado pela Alstom um grande sucesso pela rica troca de informações com os seus clientes, com foco em soluções técnicas e inovação de processos e produtos, além da proximidade com o mercado consumidor. Dessa forma, a empresa é desafiada a se comprometer com seus clientes na concepção de soluções padronizadas, de modo a se entregar um balanço correto entre necessidade técnica, solução inovadora e custos adequados.

Exercícios propostos

1. Pode-se transformar as organizações funcionais em sistemas integrados que processem produtos e serviços? Justifique a sua resposta.
2. A adoção de gestão de processos poderia mudar as posturas gerenciais para uma abordagem baseada em processos de trabalho? Justifique a sua resposta, contextualizando-a em um estudo de caso real.
3. A gestão da inovação nas organizações deve ser conduzida como um processo sistemático?
4. Qual é a importância da variável cultura na gestão da inovação?
5. Qual é a relação entre os tipos de inovação e os meios para inovar?

Integração de processos para a gestão de operações

4

Objetivos do capítulo

- Apresentar os conceitos de integração de processos como modelo estratégico para as organizações, devido à complexidade do ambiente de negócios atual e à necessidade de aproximação com as áreas financeiras, de processos e qualidade.
- Avaliar o ambiente contemporâneo de negócios, as suas constantes rupturas e novos paradigmas vigentes, sendo a logística um diferencial competitivo para as organizações.
- Apresentar a cadeia de valor e a estrutura organizacional, contendo a participação da gestão de operações como a vanguarda do moderno pensamento de negócios.
- Integrar os conceitos entre a cadeia de valor, a estrutura organizacional e o modelo SCOR para processos relacionados à gestão de operações.
- Apresentar o estudo de caso da Fiat Automóveis, como um modelo de integração de processos para a gestão de operações.

Você está no seguinte item em destaque, conforme o mapa mental proposto:

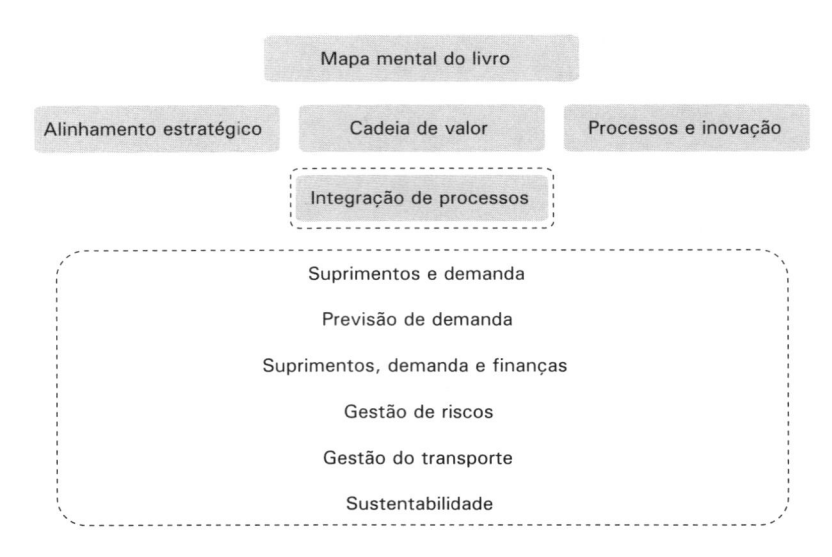

Mapa mental do livro

- Alinhamento estratégico
- Cadeia de valor
- Processos e inovação

Integração de processos

- Suprimentos e demanda
- Previsão de demanda
- Suprimentos, demanda e finanças
- Gestão de riscos
- Gestão do transporte
- Sustentabilidade

Fonte: Autores (2012).

Figura 4.1 Mapa mental do livro.

Perguntas provocadoras

- Qual a importância do planejamento integrado da gestão de operações para as organizações?
- Qual a análise de mercado e os desafios de longo prazo para as organizações? Da mesma forma, qual a importância estratégica da área de gestão de operações?
- Por que as organizações deveriam pensar na participação de executivos de gestão de operações na sua estrutura organizacional? Quais seriam os possíveis benefícios dessa nova forma de se trabalhar?

Integração como função estratégica

A grande razão do estudo da gestão de operações refere-se à complexidade dessa área do conhecimento, que envolve um significativo aporte de recursos financeiros, tempo de processos e qualidade, com foco no nível de serviço esperado pelos clientes. A importância desse conhecimento relaciona-se à grande competição do mercado contemporâneo, levando as empresas a buscarem vantagens competitivas e inovações em relação às suas concorrentes. Logo, este capítulo visa disponibilizar uma visão integrada de processos para operações, de acordo com os seus conceitos, missão, evolução, ambiente de negócios e o seu relacionamento com as diversas áreas de negócio.

Conceito de integração de processos

Resumidamente, a gestão de operações poderia ser definida como "engenharia de processos". A partir dessa definição, percebe-se a necessidade da elaboração de um conceito para a gestão integrada organizacional, desde os relacionamentos corporativos com fornecedores até o atendimento aos clientes. Essa necessidade por afirmação de processos integrados refere-se ao passado recente de processos fragmentados das organizações, com efeitos nocivos para as disfunções gerenciais, sejam elas relacionadas ao ciclo de vida dos produtos, aos custos, ao baixo nível de serviço ou, fundamentalmente, ao próprio entendimento sobre a gestão de operações.

A necessidade do profundo entendimento sobre a gestão de operações refere-se à própria integração dos processos organizacionais, bem como à necessidade da sua definição, de tal forma que as organizações apresentem maior velocidade de resposta e performance em seus modelos de negócio. Assim sendo, essa área do conhecimento assume um papel diferenciado para o contexto organizacional atual, em função das inúmeras complexidades do ambiente econômico dos dias de hoje.

A compreensão da operação eficiente e moderna é latente para as organizações e envolve aspectos como estoques, transportes, demanda, processos, serviços e clientes surpreendidos. Como um modelo de desenvolvimento integrado, tem-se o conceito de integração de processos e operações, que é o foco deste capítulo.

Gestão de operações e o ambiente de negócios

As organizações trabalham dentro de um ambiente em constante inovação de produtos e serviços, resultado dos inúmeros avanços tecnológicos, alterações na economia, aspectos regulatórios e recursos, conforme exposto no Capítulo 3. Essas modificações vêm acontecendo em um contexto mundial, estratégico e operacional, mas sem o devido alinhamento organizacional, algo explorado no Capítulo 1 com grande profundidade. Porém, com essas constantes mutações do ambiente e a sua dinâmica veloz, torna-se difícil alcançar a sobrevivência e a longevidade dos negócios.

Com tal ambiente em constante e rápida mutação, torna-se imperativo para as organizações a busca incessante pela vantagem competitiva, sendo a gestão de operações amplamente essencial em um processo de adequação aos novos paradigmas vigentes, com a preocupação de haver análises constantes das características do negócio. A proposta da integração de processos como algo estratégico advém do pensamento em busca da vantagem competitiva, tanto por produto como por serviços.

É importante salientar que as atividades relacionadas à gestão de operações devem ser desempenhadas com a máxima eficiência, ainda mais em um ambiente em constante mutação. Com a finalidade de responder à movimentação de produtos e serviços, é importante que as atividades e operações internas e externas sejam sincronizadas de forma viável. Nesse caso, a cadeia de valor é importante, pois todas as atividades primárias e secundárias devem ser alinhadas para um desempenho ótimo, agregando valor internamente para as organizações, mas essencialmente para os clientes, alcançando-se a vantagem competitiva em relação aos concorrentes. Com essa união de funções primárias e secundárias, com ampla coordenação executiva, as organizações podem obter vantagens significativas relacionadas aos indicadores de processos, à capacidade de execução, à produtividade, à redução de riscos, às perdas e ao aumento da sua lucratividade. Essas demandas são exigências típicas das organizações inseridas em um ambiente complexo e em constante mudança.

Mudanças no ambiente de negócios

Na avaliação das mudanças no ambiente de negócios, uma das primeiras tarefas recorrentes é compreender a economia nacional e mundial. Com as oscilações da dinâmica econômica, as organizações devem buscar estratégias de sobrevivência de forma competitiva, isto é, com foco na sua atividade produtiva, em detrimento dos riscos oferecidos pelo mercado. É notório que o ambiente de negócios vem se modificando, de acordo com os arranjos político-econômicos e devido ao fortalecimento dos blocos entre países, que buscam acordos de cooperação e comercial, não atuando mais isoladamente. Destacam-se a União Europeia, o Nafta e o Mercosul como arranjos entre países em busca de ambientes de negócios favoráveis, mas que, da mesma forma, representam transformações marcantes na forma de se trabalhar.

Esses arranjos produtivos entre países representam, de forma significativa, novos impactos no ambiente empresarial, ressaltando-se a necessidade de uma nova atitude empresarial, devendo as empresas trabalhar em ambientes colaborativos, da mesma forma.

Percebe-se um crescimento significativo da interpretação da legislação de proteção ao consumidor, da preservação ao meio ambiente e de proteção às inovações como alterações do ambiente de negócios, sendo uma resposta aos movimentos estratégicos entre países e empresas, com foco na vantagem competitiva e ganhos por produtividade.

A vantagem competitiva centrada na produtividade vem proporcionando um perfil de negócios centrado em modelos de baixo custo, ou seja, no qual o preço é a condição central ao negócio e às condições de acesso populacional. Tal fato se deve à necessidade da economia de escala, que permite a redução de custos fixos e o aumento das margens de contribuição, relacionando essas análises à curva de experiência das organizações, isto é, à relação entre custo, valor acumulado e a gestão do conhecimento para fornecedores, organizações e mercado. Mas seria este o modelo adequado para o crescimento sustentado das organizações? Quais seriam as mudanças no ambiente externo que poderiam impactar a dinâmica de negócios?

Mudanças do ambiente externo e impacto nos negócios

Atualmente, percebe-se um esforço coordenado entre os países, com foco na melhoria das políticas produtivas e redução progressiva das tarifas aduaneiras, em função das constantes pressões da Organização Mundial do Comércio (OMC), demandando uma maior abertura comercial entre nações. Como efeito, as organizações multinacionais vêm atuando em uma escala global, o que exige uma análise criteriosa de fornecedores, instalações, tecnologia e mão de obra local, sempre com o direcionamento para a comercialização onde a demanda for latente e viável. Logo, o ambiente operacional vem sendo ampliado e, atualmente, já não existem fronteiras a serem alcançadas, exigindo-se uma gestão de processos eficiente e foco nas demandas consumidoras.

Em paralelo, o mercado vem sendo inundado por concorrentes e organizações capacitadas, o que vem demandando das organizações uma flexibilidade constante para a mudança em busca da vantagem competitiva, reduzindo-se problemas operacionais nunca antes observados.

Além da eliminação das barreiras geográficas, com a possibilidade de atuação em mercados nunca antes explorados, as organizações vêm se deparando com uma nova realidade: alianças estratégicas entre concorrentes, fornecedores e clientes mais exigentes. Como resposta para atender com nível de serviço adequado, a busca é pela colaboração nas redes de negócio. Uma vez que todo o processo relacionado à gestão de operações é promovido em cadeia e com ampla integração, as organizações iniciam um procedimento de maior aproximação entre os seus elos de negócio, sendo mais racionais, eficientes e produtivas. Uma analogia seria o início de um "sistema modular de operações", avaliando-se a escolha de fornecedores, instalações adequadas, indicadores de desempenho, distribuição e atendimento aos consumidores. Entre todos esses níveis há a necessidade de experimentação de indicadores, novos arranjos produtivos, alianças e a busca por um jogo competitivo interessante para todos os envolvidos.

A integração de processos no ambiente da gestão de operações torna-se imperativa para um ambiente de negócios com ciclos de produtos e serviços cada dia menores, sendo a velocidade de resposta dos consumidores pequena e os prazos de produção, reduzidos. Nesse caso, a redução da dimensão "tempo" torna-se essencial para a sobrevivência de qualquer negócio. Fatores como pedidos incompletos, não atendidos, perdas, desvios, ineficiência de processos, deficiência financeira e na gestão de estoques podem ser motivo suficiente para que as organizações percam a sua credibilidade e, consequentemente, seus clientes.

Ao tratar do tema "clientes", deve-se trabalhar com absoluta diligência em relação às demandas do mercado, devido à presença de empresas concorrentes com qualificação elevada, ampla diversificação de produtos e serviços, mas, essencialmente, relevantes quanto à sensibilidade, à qualidade oferecida e ao preço. Antes de comprar, o cliente certamente possui uma análise de valor quanto à qualidade dos produtos ou serviço que receberá, considerando os aspectos técnicos envolvidos. Com o mercado cada vez mais inserido no ambiente de *commodities*, em que o consumidor quase não percebe a diferença técnica entre um produto e outro, e com a tecnologia convergindo cada vez mais, resta às organizações a criação de vantagens diferenciais por meio de valor adicionado, cuja principal fonte é o serviço ao cliente.

O serviço é um instrumento muito poderoso, que pode ocorrer de várias formas, como o serviço de entrega, o serviço de pós-venda, os pacotes financeiros, o apoio técnico. Esse serviço ao cliente relaciona-se ao "valor do uso", isto é, uma vez que o serviço adiciona valor à essência do produto, tal produto passa a ter mais valor para o cliente. Existem, obviamente, segmentos de valor distintos. Em outras palavras, os clientes não dão o mesmo valor aos mesmos produtos, pois podem existir grupos de clientes, em um dado mercado, que atribuem importâncias distintas a benefícios diferentes. Mas é inegável, por exemplo, a dificuldade de se competir somente com base na marca ou na imagem da corporação, ainda mais com a atual aceitação dos consumidores em comprar produtos ou serviços de baixa qualidade. Assim, devido ao mercado de *commodities*, à convergência da tecnologia e ao crescente consumo de produtos de baixo custo, o serviço ao consumidor ganha espaço e desenvolve relações com o cliente por meio da disponibilidade de uma oferta incrementada. O objetivo primordial passa a ser a satisfação total do cliente. Para atender aos clientes com alta qualidade, as organizações devem estruturar os processos internos e adequá-los às novas demandas de mercado. Exemplos de mudanças na abordagem produto, serviço e cliente são relatados na Figura 4.2.

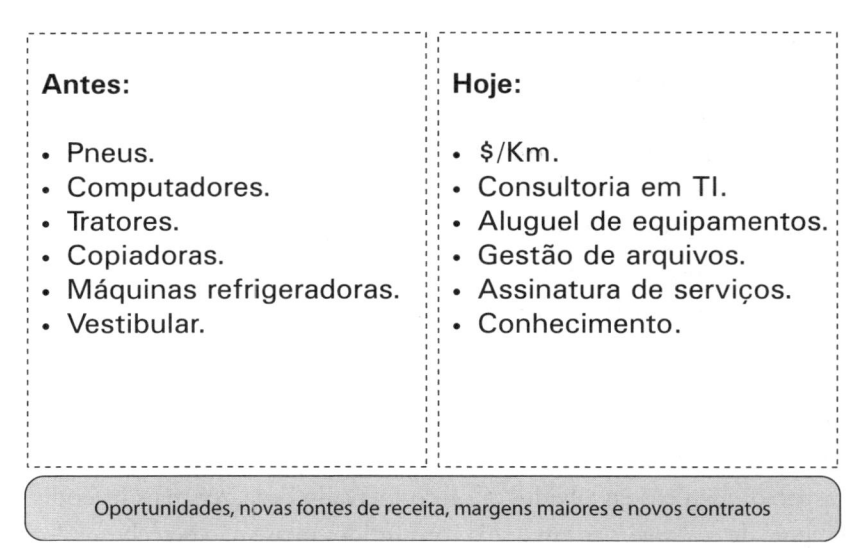

Antes:	Hoje:
• Pneus. • Computadores. • Tratores. • Copiadoras. • Máquinas refrigeradoras. • Vestibular.	• $/Km. • Consultoria em TI. • Aluguel de equipamentos. • Gestão de arquivos. • Assinatura de serviços. • Conhecimento.

Oportunidades, novas fontes de receita, margens maiores e novos contratos

Fonte: Autores (2012).

Figura 4.2 Percepção de valor do produto para o serviço.

Mudanças no ambiente interno *versus* mudanças no ambiente externo

Um novo paradigma vem sendo demandado das organizações – como estruturar o ambiente interno, em função das demandas do ambiente externo? Um primeiro passo para responder a esse questionamento seria a compreensão de que as estruturas organizacionais verticalizadas demonstram-se falidas, porque a resposta às demandas de mercado é lenta. Se, no passado, a concorrência era menor, os ciclos de vida dos produtos eram mais longos e a incerteza de negócios, mais controlada. O direcionamento para o mercado era conseguir uma gestão descentralizada. Observava-se a gestão por silos funcionais, em detrimento da visão sistêmica, na qual o conjunto se sobrepõe às partes.

O cenário atual vem exigindo uma nova forma do pensamento em gestão, em especial para a gestão de operações. Desde a Revolução Industrial, influenciada pelo modelos taylorista e fordista, até os mercados atuais, a demanda advém de negócios globalizados e dinâmicos, com níveis de exigência elevados pelos clientes, com ciclos de vida menores e a tendência a ciclos colaborativos entre fornecedores, operações, demanda e mão de obra, algo nunca antes observado. A rígida hierarquia vem abrindo espaço para a integração de processos e o gerenciamento por diretrizes.

As organizações vêm demandando espaço por generalistas, e não mais por especialistas, pois o modelo de negócio passou a ser processual e não dividido em silos, em busca de uma visão da cadeia de valor, isto é, da demanda ao suprimento. Essa visão de negócios vem permitindo uma maior integração das diversas funções e das unidades gerenciais, eliminando-se barreiras verticais e reduzindo-se as pirâmides organizacionais, com a decadência da verticalização.

Em função dessas transformações no ambiente externo e, consequentemente, no interno, as organizações vêm executando transformações em seu modelo de negócio com dinamismo, com grau de dependência das mutações da economia e com correlação de função às decisões estratégicas da alta direção.

Logo, é necessário que as organizações tenham uma ampla visão de processos integrados, com foco na agregação de valor, desde a demanda registrada até o suprimento, para que os executivos busquem os recursos e processos necessários para as estratégias de negócio. Nesse contexto capacitante, a integração de processos assume um papel primordial para as organizações como garantia de produtividade e qualidade ao cliente. Normalmente, assume-se que a gestão de operações é uma área do conhecimento relacionada somente à gestão de transportes, estoques e demandas, não sendo algo adequado. Essa área do conhecimento transcende também a gestão de processos, operações, qualidade total e nível de serviço ao cliente quando relacionada à gestão de serviços. Assim sendo, as organizações que buscam a vantagem competitiva por meio de elevada produtividade, diferenciação de produto e níveis elevados de serviço ao cliente devem trabalhar os modelos operacionais estratégicos de forma ótima. Esse processo envolve tanto as atividades das organizações quanto a análise do ambiente externo.

A integração de todo o sistema operacional considera como elementos do sistema as atividades de movimentação de produtos ou serviços, facilitando as demandas dos consumidores finais no tempo, qualidade e custos certos. A necessidade de profundo entendimento dessa estratégia em função dos limites das organizações, compreendendo todas as suas funções de negócio, reflete o moderno conceito de gestão de operações.

Exemplos para a gestão de operações envolvem a correta seleção de fornecedores, estruturas de trabalho, indicadores de desempenho, seleção adequado de pessoal e foco no cliente. A compreensão de processos integrados quanto ao atendimento aos clientes, união de esforços entre as unidades comercial, financeira e de operações é imperativa.

Diversos estudos apontam o conceito de gestão de operações como um esforço integrado de processos, em função da estrutura de negócios da organização em si, criando valor para produtos e serviços. Isto é, essa área do conhecimento somente terá sentido quando os diferentes processos forem conduzidos em busca de sinergias e valor agregado.

Gestão de operações e cadeia de suprimentos

A gestão da cadeia de suprimentos é uma forma de integração de processos, planejamento e controle de fluxos, informações, recursos e demandas consumidoras, gerenciando-se, de forma colaborativa, todas as atividades envolvidas em função do direcionamento estratégico da organização. Rigorosamente, a gestão da cadeia de suprimentos envolve o fluxo de mercadorias advindas, nesse caso, dos fornecedores, sua fabricação, distribuição, vendas e análises das características quanto a valor, fornecendo uma perspectiva quanto a estoques, demanda e finanças. Porém, conforme abordagem anterior, esse entendimento pode ser ampliado para cadeias de suprimento de serviços, e não somente para produtos, reduzindo-se assim a vulnerabilidade dos negócios.

Tradicionalmente, o conceito de gestão da cadeia de suprimentos desenvolveu-se no início da década de 1990, com várias versões para o tema. Alguns especialistas argumentam que o conceito refere-se ao entendimento sobre a logística integrada, de forma que seja uma ampliação dessa área do conhecimento, além dos conceitos das tradicionais indústrias, alcançando outras fronteiras de negócio. Outros especialistas argumentam que o conceito de gestão da cadeia de suprimentos inclui uma análise de processos de negócios, integrando visões de marketing, finanças, recursos humanos, entre outros, alcançando o patamar maior de gestão integrada.

Fato real é que a aplicação do conceito de gestão da cadeia de suprimentos, relacionada a metodologias como o *Efficient Consumer Response* (ECR, em português Resposta Eficiente ao Consumidor) e o *Quick Response*

(Resposta Rápida), com a adoção de tecnologias de informação, como código de barras e radiofrequência, vem possibilitando a agregação de valor aos produtos. Além dessas questões, a gestão da cadeia de suprimentos é um tema estritamente relacionado com os canais de distribuição e oriundo do marketing, podendo ser definido como um conjunto de organizações, demandas e processos executados em função das demandas dos clientes.

Observa-se que as estruturas dos canais de distribuição das organizações vêm se tornando mais complexas ao longo dos últimos anos, em função da redução dos ciclos de vida dos produtos e serviços, bem como dos gargalos de transportes relacionados à infraestrutura brasileira. As práticas de segmentação de mercado, o lançamento contínuo de novos produtos e a capacidade comercial das organizações vêm tornando, da mesma forma, os canais de distribuição ainda mais complexos.

Outros fatores, como o aumento da competição entre as organizações e a instabilidade econômica dos mercados, levam a uma especialização dos canais de distribuição, sendo uma prática comum a busca por operadores terceirizados e amplamente especializados, de modo que as organizações possam buscar o foco na sua competência central, sendo este movimento uma consequência direta do próprio crescimento dos operadores logísticos no ambiente nacional. No entanto, a eficiência dos canais de distribuição somente poderá ser mantida caso exista uma coordenação plena entre todos os seus componentes, sendo um processo de cooperação estratégica oriunda da troca de informações e dos modelos de gestão da cadeia de suprimentos. Desta forma, pode-se concluir que a gestão da cadeia de suprimentos representa um esforço integrado dos seus diversos participantes, não importando qual o foco de negócios, mas sempre com foco nos clientes e suas demandas.

Diversos estudos vêm revelando os benefícios da gestão da cadeia de suprimentos de forma integrada, destacando-se a redução de custos, tempo e aumento da qualidade. Para as organizações com fins industriais, percebe-se a otimização de estoques, transportes, na escolha adequada de centros de distribuição e na personificação das estruturas operacionais. Em linhas gerais, tem-se a gestão da cadeia de suprimentos como vantagem competitiva ao ambiente de negócios dinâmico, em busca de lucratividade e margens adequadas.

Gestão da cadeia de suprimentos e interdisciplinaridade de processos

A multidisciplinaridade da gestão da cadeia de suprimentos remete à interface de conhecimentos e à correlação de ações com os diversos setores das organizações, destacando-se as áreas de operações, produção, marketing e compras. Ao tratar a gestão da cadeia de suprimentos como o novo paradigma de negócios, Porter (1989), professor na Harvard Business School e autor de diversos livros na área de estratégias e competitividade, desenvolveu de forma relevante o conceito da cadeia de valor, conforme explorado no Capítulo 2. No entanto, corrobora-se o conteúdo apresentado anteriormente com a seguinte citação:

> A vantagem competitiva não pode ser compreendida olhando-se para uma firma como um todo. Ela deriva das muitas atividades discretas que uma firma desempenha projetando, produzindo, comercializando, entregando e apoiando seu produto. Cada uma dessas atividades pode contribuir para a posição de custo relativo da firma e criar a base para a diferenciação.
> A cadeia de valor desdobra a firma em suas atividades estrategicamente relevantes para compreender o comportamento dos custos e as fontes de diferenciação existentes ou potenciais. Uma firma ganha vantagem competitiva executando essas atividades estrategicamente importantes de maneira mais barata, ou melhor, do que seus concorrentes.

Dessa forma, a cadeia de valor advoga que uma organização pode desagregar suas atividades de relevância estratégica de forma que seja possível a compreensão do comportamento dos custos – e suas fontes – e dos potenciais de diferenciação. Para que uma organização obtenha vantagem competitiva, deve executar essas atividades estratégicas com custos menores do que os da concorrência ou de forma a criar maior valor percebido pelo cliente. As atividades da cadeia de valor compreendem atividades físicas e metodologicamente distintas, por meio das quais uma organização cria um produto valioso para os seus compradores. Conforme o Capítulo 2, essas atividades se dividem em primárias e secundárias. As primeiras englobam os recursos de entrada, as operações, os recursos de saída, o marketing, as vendas e a assistência técnica. Já as atividades de apoio referem-se à infraestrutura, ao gerenciamento de recursos humanos, ao desenvolvimento de tecnologia e à aquisição. Assim, para ganhar vantagem competitiva sobre seus concorrentes, as organizações devem desempenhar as atividades da cadeia de valor de uma forma mais eficiente do que seus rivais e, com isso, proporcionar valor adicional aos clientes. Em outras palavras, a vantagem competitiva surge da maneira como as organizações desempenham essas atividades dentro da cadeia de valor.

A análise da cadeia de valor tem como objetivo enxergar a organização como um todo, sendo esta um grande conjunto de atividades inter-relacionadas que busca agregar valor ao cliente. A gestão da cadeia de suprimentos passa a ser vista como um elo entre o mercado e as atividades operacionais das organizações. As atividades da cadeia de valor podem ser caracterizadas resumidamente da seguinte forma:

Atividades primárias:

- Recursos de entrada: atividade relacionada com o fluxo interno de recursos materiais.
- Operações: atividade relacionada à gestão do macroprocesso organizacional, isto é, à gestão de todas as funções de negócio e seus indicadores.
- Recursos de saída: atividade relacionada à gestão dos movimentos de transportes e/ou distribuição de recursos.
- Marketing e vendas: atividade que induz o cliente a adquirir o produto ou serviço e fornece os meios para quem deseja adquiri-lo.
- Serviços: atividade que permite realçar ou manter o valor do produto, estando relacionada à gestão das ações e seus indicadores de desempenho.

Atividades secundárias são funções integradoras que atravessam as várias atividades primárias dentro das organizações, a saber:

- Infraestrutura da organização: atividade que sustenta toda a cadeia de valor, uma vez que trata da direção geral da organização, planejamento, contabilidade, finanças, apoio legal e relações governamentais. Com a excelência do trabalho dessa unidade de negócios, é possível identificar as oportunidades e ameaças externas, os recursos e capacidades, além de garantir apoio às competências essenciais.
- Gestão de pessoas: atividade que trata do pessoal nas organizações quanto à seleção, recrutamento, admissão, treinamento, desenvolvimento, avaliação e remuneração.

- **Desenvolvimento de tecnologia:** atividade que tem como fim melhorar o produto e os processos utilizados, como foco na redução de perdas e possíveis riscos.

- **Aquisição:** atividade responsável pela compra dos recursos necessários para a fabricação do produto ou na execução de processos; relaciona-se com a aquisição de ativos fixos, equipamentos e materiais diversos.

Não basta, porém, que cada unidade de negócio desenvolva isoladamente suas atividades da maneira mais eficiente possível, pois a otimização dos processos só é atingida quando há coordenação e integração entre as atividades. As organizações que desejam a otimização de seus processos logísticos buscam adicionar valor aos produtos e serviços ofertados aos seus clientes, fornecedores e colaboradores, o que culmina em vantagem competitiva. Segundo Porter (1989), há cinco categorias de inter-relações que ajudam as organizações a deter competência para dominar toda a cadeia de valor e, com efeito, diferenciar os seus produtos e serviços ofertados, sendo elas: produção, mercado, aquisição, tecnologia e infraestrutura. Tais inter-relações podem ser visualizadas e explicadas a seguir, conforme a Figura 4.3:

Fonte: Adaptado de PORTER (1989).

Figura 4.3 As categorias de inter-relações.

- **Inter-relações de mercado:** abrangem o compartilhamento de atividades de valor primárias envolvidas para atingirem o comprador e interagirem com ele, desde os recursos de saída até o serviço.

- Inter-relações de operações e produção: implicam compartilhar atividades de valor "corrente acima", como recursos de entrada e funções indiretas, além da manutenção e infraestrutura do local.
- Inter-relações secundárias: envolvem a aquisição compartilhada de insumos comuns, compartilhamento de valor quanto ao desenvolvimento tecnológico por toda a cadeia de valor e o relacionamento com toda a infraestrutura da empresa, destacando-se a gestão de pessoas, a gestão financeira e a gestão comercial.

Dada a lógica das inter-relações, é possível apontar algumas das diversas formas possíveis de cooperação entre as três categorias de inter-relações organizacionais, a saber:

- Inter-relação de infraestrutura: devido às necessidades comuns de infraestrutura da organização e do capital comum, a cooperação é possível a partir do compartilhamento das seguintes atividades: levantamento de capital, financeiro, assessoria jurídica, relações com o governo, contratação e treinamento.
- Inter-relações tecnológicas: dadas as tecnologias comuns dos processos, dos produtos e em outras atividades de valor, além da interface entre produtos, a cooperação é possível com o desenvolvimento conjunto de tecnologia e o projeto de interface também conjunto.
- Inter-relações de aquisição: devido aos insumos adquiridos, a cooperação é atingida com a aquisição conjunta desses insumos.
- Inter-relações de produção e operações: já que a localização dos recursos é comum, assim como as necessidades de suporte operacional, a cooperação é possível a partir do compartilhamento de recursos de entrada e das atividades indiretas de produção e operações.
- Inter-relações de mercado: uma vez que o comprador é comum, o canal de compras é comum e o mercado geográfico também, a cooperação é atingida com o compartilhamento da marca registrada, a venda cruzada de produtos, o compartilhamento do departamento de marketing, o pacote de vendas e o compartilhamento de serviço/suporte.

A organização é vantajosa quando o valor que ela impõe é maior do que os custos envolvidos na criação do produto ou de processos. Com o compartilhamento da atividade de valor, a vantagem competitiva torna-se possível para as organizações, uma vez que essa atividade representa uma fração considerável dos custos operacionais e esses são reduzidos. O valor é medido pela receita total, reflexo do preço que o produto de uma empresa impõe e as unidades que ela pode vender; em sua proposta, a cadeia de valor exibe o valor total, o qual consiste em margem e atividades de valor. Por isso a importância da gestão eficiente de todas as etapas da cadeia de suprimentos.

Desta forma, a multidisciplinaridade de processos envolve exatamente o domínio de todas as etapas da cadeia de valor por meio das interfaces entre os diversos setores da empresa – antes tratados isoladamente e de forma independente –, abrangendo, inclusive, dispositivos e regras, pelos quais um setor se comunica com o outro de maneira plena e, assim, seja possível a clara conversação entre eles.

Multidisciplinaridade de processos e atividades básicas

Quando se trata da gestão da cadeia de suprimentos e dos aspectos relacionados à integração de processos e compartilhamento de valor, torna-se necessária a compreensão de que a eficiência das tarefas executadas está relacionada às atividades coordenadas e executadas para que haja ganhos nos tempos de entrega e produtividade.

Para a gestão da cadeia de suprimentos, a divisão das atividades primárias e secundárias é essencial para o cumprimento das operações organizacionais, de modo que as atividades secundárias sejam consideradas um apoio às atividades primárias na obtenção dos níveis de serviço desejados pelos clientes. No mesmo sentido, diversos estudos apontam para a necessidade de integração das principais atividades da gestão de operação, corroborando para o fato de que esta união traria mais benefícios estratégicos, com a opção de terceirização, caso essas atividades não sejam relacionadas como atividade-fim, sendo elas: (i) transportes, (ii) estoques e (iii) gestão da informação, conforme a Figura 4.4.

Fonte: Autores (2011).

Figura 4.4 Atividades básicas da gestão de operações.

(i) Transportes

Diversos estudos no Brasil afirmam que os custos do transporte representam 12,3% do PIB, enquanto nos Estados Unidos representam 5% do PIB. Dados do governo brasileiro demonstram que 64% do total dos custos logísticos das empresas brasileiras é dedicado ao transporte, sendo esta atividade responsável, em média, por 5% do orçamento empresarial nacional. O que explica a substancial diferença nos transportes entre Brasil e Estados Unidos?

Esse pequeno relato procura demonstrar a relevância da atividade ou do recurso dos transportes na contribuição para a composição dos custos logísticos e no ganho de eficiência, lembrando que é impossível operar sem providenciar a movimentação de recursos ou de seus produtos acabados. Devido a essa essencialidade, o transporte é considerado uma atividade fundamental para a gestão da cadeia de suprimentos.

As principais funções do serviço de transporte são a movimentação e a estocagem de produtos. A movimentação deve ser feita sempre no sentido de agregar valor ao produto, visto que são utilizados recursos temporais, financeiros e ambientais para fazer o transporte de um local de origem até um destino com a máxima eficiência operacional. Ressalte-se que, ao mesmo tempo, a movimentação deve atender às expectativas do cliente em relação ao desempenho das entregas e à disponibilidade de informações a respeito da carga transportada.

A função de estocagem de recursos não é tão comum quanto a movimentação, devido ao fato de os veículos representarem uma forma de estocagem temporária bastante dispendiosa. No entanto, a estocagem temporária pode ser utilizada se apresentar uma alternativa ou uma perspectiva melhor quando considerados custos de carga e descarga, restrições de capacidade de estocagem em armazéns físicos ou possibilidade de aumento do tempo de viagem ou espera.

O sistema modal é o básico dos transportes, sendo que os cinco modais são: (i) ferroviário, (ii) rodoviário, (iii) aquaviário, (iv) dutoviário e (v) aéreo. A escolha do modal que mais atenda à demanda deve levar em conta a velocidade de entrega, o volume da carga, a disponibilidade do modal e os custos fixos e variáveis inerentes a cada um deles. A estrutura de custos de cada modal é dada da seguinte forma:

Tabela 4.1 Custo modal

Sistema de custos por modal					
Custo	Ferroviário	Rodoviário	Aquaviário	Dutoviário	Aéreo
Fixo	Alto	Baixo	Médio	Alto	Baixo
Variável	Baixo	Médio	Baixo	Baixo	Alto

Fonte: Autores (2012).

A análise de custos dos modais foi feita para explicar o questionamento colocado no início do tópico. A grande diferença apresentada entre as parcelas do PIB brasileiro e do norte-americano, que são destinadas ao transporte, revela a dificuldade da gestão de transportes na realidade do nosso país. A participação do modal rodoviário no Brasil é o dobro da participação desse modal nos Estados Unidos e, sendo o rodoviário o segundo modal mais caro, revela-se a falta de infraestrutura que o Brasil apresenta para a utilização dos outros modais. No entanto, apesar dos escassos investimentos governamentais em infraestrutura de transportes, o Brasil está presenciando um aumento da possibilidade de utilização de mais de um modal na movimentação de cargas por toda a cadeia de suprimentos. Esse fato é consequência dos processos de privatização de ferrovias e portos, além dos trabalhos de embarcadores e prestadores de serviços logísticos.

A tendência ao uso de mais de um modal é uma grande oportunidade para as organizações que anseiam se tornar mais competitivas devido à significativa redução nos custos logísticos. No caso brasileiro isso é ainda mais latente, visto que o modal rodoviário predomina mesmo em trechos nos quais não é o mais competitivo.

(ii) Gestão de estoques

O controle de estoques é um recurso logístico de suma importância, visto que pode absorver de 25% a 40% dos custos logísticos totais. É, portanto, uma atividade principal, bem como transportes, sendo ambos essenciais e importantes para a integração da cadeia de suprimentos.

O grande dilema da gestão de estoques é garantir a disponibilidade de recursos ao cliente final mantendo-se o menor nível de estoque possível e evitando-se, no entanto, excessos ou ausência de recursos, sempre trabalhando em função das demandas de mercado. Os motivos que induzem as organizações a adotarem a política de estoque em função da demanda variam de análises contábeis e percepção dos *trade-offs* resultantes de investimento em estoques à variedade de recursos disponíveis no mercado.

Em primeiro lugar, tem-se o foco gerencial das organizações que desejam maximizar o indicador de performance Valor Econômico Adicionado (EVA). Tal indicador demonstra o retorno financeiro do investimento efetuado, ou seja, a maximização do EVA leva a crer que a atividade operacional da organização contribuiu para agregar riquezas e para torná-la mais atrativa aos investidores em geral. Uma forma de aumentar o EVA é reduzir os estoques de insumos. Tem-se, então, a análise contábil da necessidade da redução de estoques.

A segunda análise relaciona-se intrinsecamente à contábil, ao levantar os custos de oportunidade do capital no mercado. As proibitivas taxas de juros praticadas na economia brasileira tornam a posse e manutenção de estoques extremamente onerosas. Sendo assim, o *trade-off* incluso na manutenção de estoques relaciona-se ao dado empírico de que há a absorção de capital que poderia ser investido de outras maneiras. A análise desse *trade-off* engloba desde o levantamento de taxas de juros praticadas pelo sistema bancário até a taxa esperada de retorno para oportunidades alternativas de investimento.

Por derradeiro, uma importante barreira à gestão de estoques é a grande variedade de produtos disponíveis no mercado contemporâneo. Hoje em dia, a gestão dos níveis de estoque é muito mais complexa e trabalhosa do que na época em que os produtos eram singulares.

Explicadas as razões para se manter o mínimo possível de estoque, resta o questionamento: como fazer para gerenciar os estoques de forma a se manter o nível de serviço e, ao mesmo tempo, minimizar os custos da sua manutenção? A resposta deve contemplar os métodos *Just in Time* (JIT), Fluxo Descontínuo de Material, Curva ABC, Fluxo Contínuo de Material e Fluxo Sincrônico de Material, a serem brevemente descritos:

- *Just in Time*: prevê que a demanda deve ser atendida imediatamente sem, no entanto, acarretar em desperdícios. Requer os princípios da qualidade, da velocidade, da confiabilidade, da flexibilidade e do compromisso. Aqui, o planejamento é sob encomenda, sendo, portanto, puxado pelo cliente e não empurrado pelo estoque.

- Fluxo Descontínuo de Material (ou Método Push): enfoca a produção de acordo com a previsão de vendas, de forma que se deve alocar estoques nos armazéns conforme as necessidades esperadas. Nesse método, o fluxo de material é "empurrado" ao longo do processo pela fábrica até a distribuição, para suprir demandas de clientes.

- Curva ABC: baseia-se no raciocínio do diagrama de Pareto, em que há diferenciação da importância dos itens, possibilitando que a atenção seja voltada aos itens mais significativos. A grande vantagem dessa metodologia é a possibilidade de redução de custos operacionais ao se perceber que nem todos os itens devem receber a mesma atenção pela administração e que não há necessidade de se manter a mesma disponibilidade de todos os itens para atender aos clientes. Usualmente, os itens de grande valor na Curva ABC, classificados como "A", apresentam grande valor acumulado, isto é, receita total, devendo ser realizada uma análise da margem de sua contribuição para as organizações.

- Fluxo Contínuo de Material (ou Método *Pull*): utiliza-se da previsão de vendas de médio e longo prazo para planejar as necessidades de compras, levando em conta a sazonalidade da demanda do cliente, que "puxa" o fluxo de material. Já que a produção ocorre contra a demanda real, o estoque de produtos acabados (inclusive o estoque de segurança) deve ser evitado tanto quanto possível e, por isso, as relações com os fornecedores devem tomar forma de parceria. Uma metodologia agregada ao fluxo contínuo de material é o *Sales and Operationals Planning* (SOP), ou Planejamento das Operações e Vendas, sendo uma reunião diretiva de acompanhamento de todos os processos integrados, com foco no desenvolvimento de um planejamento de curto e longo prazo para as cadeias de suprimentos.

- Fluxo Sincrônico de Material: prevê que o fluxo de material deve ser balanceado de uma só vez por um sistema automatizado de gestão de estoques, que deve fornecer um fluxo instantâneo e sincronizado de informações a todas as partes envolvidas no processo. Por essa razão, a relação entre cliente e fornecedor deve ser ainda mais estreita, de forma a se tornar simbiótica.

De acordo com o exposto, conclui-se que todas as metodologias citadas almejam minimizar o investimento em inventário sem afetar os níveis de serviço desejados. Cabe à empresa escolher a metodologia que melhor se adapte às suas necessidades.

(iii) Gestão da informação e operações

A gestão da informação e operações inclui as atividades necessárias para receber, processar e expedir pedidos aos clientes, bem como coordenar o recebimento de pedidos de compra. Essas operações baseiam-se no fluxo de informações que se inicia com a entrada do pedido e tem seu fim no suprimento. Os componentes das operações dividem-se em gerenciamento de pedidos, processamento de pedidos, operações de distribuição, transporte e expedição e, por fim, gestão de estoques.

A atividade inicial de entrada de pedidos e consultas de clientes é o gerenciamento de pedidos, com foco em operações. Pode ser realizado por meio de tecnologias de informação, como e-mail, fax, telefone ou *Electronic Document Interchange* (EDI), isto é, troca eletrônica de informações entre parceiros da cadeia de suprimentos. A atividade do gerenciamento de pedidos engloba a sua classificação em aceitáveis ou não para o processamento.

O processamento de pedidos é considerado uma atividade principal e tem como função designar e alocar o estoque disponível para dar prosseguimento às atividades relativas aos pedidos de clientes e aos pedidos de ressuprimento. A importância dessa atividade relaciona-se com a duração do processo de atendimento às demandas dos clientes, que é elemento-chave à manutenção do nível de serviço. As melhores formas de processamento de pedidos funcionam interativamente com o gerenciamento, visto que, dessa forma, busca-se um equilíbrio entre as necessidades do cliente e as restrições de recurso da empresa.

Como sinônimo das expressões gestão de estoque ou de armazenagem temos as operações de distribuição, que devem orientar as atividades do Centro de Distribuição (CD), incluindo recebimento de produtos, movimentação de materiais e armazenagem, além da separação das mercadorias e pedidos.

O transporte e a expedição são voltados ao planejamento, à execução e ao gerenciamento das atividades relativas à movimentação de produtos e materiais. Por fim, suprimento é a função do gerenciamento responsável pela preparação, modificação e liberação dos pedidos de compras, além do acompanhamento do desempenho e do comportamento dos fornecedores.

É de extrema importância para a coordenação de recebimento de materiais o dimensionamento da capacidade das instalações e o transporte de retorno.

No entanto, mesmo com a execução das operações apresentadas, várias organizações não se satisfazem com sua performance na velocidade e sua precisão no atendimento aos pedidos dos clientes. Existem medidas que se mostram úteis para disciplinar o sistema logístico das operações, sendo elas:

- Formação de lotes: constitui na submissão de mais de uma transação ao sistema de cada vez e permite exercer maior controle quando o estoque se encontra baixo. A vantagem trazida por essa medida é a redução do pico de processamento de pedidos e o aumento da velocidade de atendimento, além da diminuição dos custos totais de distribuição.
- Pedido mínimo: refere-se ao estabelecimento, pela empresa, de um tamanho mínimo de pedido para aceitar uma ordem. Acarreta em economias de escala em transporte e atendimento, além de uma redução nos custos de processamento de pedidos.
- Prioridades no atendimento de pedidos: relaciona-se ao controle do sequenciamento dos pedidos, mediante o estabelecimento de prioridades específicas para atendimento das ordens.

Como se pode perceber, o alto nível de competitividade logística existente nos dias de hoje demanda coordenação e integração dos fluxos de informações, de forma a reduzir atrasos, erros e necessidade de pessoal. A melhor forma de garantir a integração das operações ocorre por meio de sistemas logísticos integrados, com foco nos modelos de previsão de demanda.

Para tornar as operações viáveis e com custos adequados, deve-se trabalhar com os modelos de previsão de demanda. As previsões são projeções de valores e de quantidades que provavelmente serão produzidas, vendidas e expedidas e devem, portanto, orientar o planejamento e a coordenação dos sistemas de informação logística, conforme as atividades básicas expostas até o momento. A importância desse recurso logístico deve-se ao fato de que, de acordo com as previsões, as organizações poderão destinar seus recursos antecipadamente.

A previsão é formada por seis componentes, a serem brevemente discutidos:

- Nível de vendas: é a quantidade remanescente depois da remoção de todos os demais componentes, sendo adequada para itens que não apresentam sazonalidade, tendência e fatores cíclicos e não estejam sujeitos a promoções.
- Fatores sazonais: são as razões que levam à variação do nível de vendas no período de um ano.
- Tendência: é a variação sistemática das vendas verificada no longo prazo, podendo ser positiva, negativa ou neutra. Em geral, tendências de crescimento ou redução dependem de alterações no consumo ou nos padrões populacionais.
- Fatores cíclicos: são mudanças no padrão de demanda verificadas em períodos superiores a um ano. Os ciclos podem ser expansivos ou recessivos.
- Promoções: relacionam-se com as atividades de marketing da empresa e, frequentemente, resultam em aumento de vendas durante o período da promoção e em declínio nos períodos seguintes, visto que os clientes tendem a comprar além de sua necessidade para aproveitar as condições promocionais. É um componente diferenciado por ter suas datas de realização e sua magnitude amplamente controladas pela empresa.
- Fatores aleatórios: constituem uma parcela imprevisível das vendas, que não se encaixa nas outras categorias. O processo de previsão visa minimizar a magnitude dos fatores aleatórios, reduzindo o nível de incerteza e prevendo os outros componentes com maior precisão.

A elaboração de previsões é feita por meio de técnicas que consistem na utilização de cálculos matemáticos ou estatísticos para transformar dados numéricos e históricos em quantidades previstas. As técnicas de previsão geralmente utilizadas são a quantitativa, a baseada em séries temporais e de correlação. Essas técnicas serão abordadas em maior profundidade no Capítulo 5.

Finalmente, para uma integração plena de processos, diversos estudos vêm propondo a utilização do modelo *Supply Chain Operational Reference Model* (SCOR), ou Modelo de Referência em Cadeias de Suprimento. A proposta desse modelo é a adoção de *benchmarkings* para logística e operações, com foco nas suas atividades básicas e em resultados ótimos, em função das demandas de consumo.

Aplicações do modelo SCOR para a gestão de operações

Como analisar a integração de processos para a gestão de operações? Da mesma forma, seria possível um planejamento integrado, com foco nas demandas dos clientes? Quais os indicadores de processo a utilizar? Como resposta a essas perguntas, o SCOR Council, órgão sediado nos Estados Unidos, propõe que as organizações que atuem no ambiente da logística e operações adotem o modelo SCOR.

O conjunto de recomendações técnicas do modelo SCOR envolve os seguintes aspectos:

i) Planejamento: desenvolvimento de metas que viabilizem as operações das organizações. Envolve todo o planejamento da escolha de fornecedores, centros de distribuição, produção, operações e atendimento aos clientes.

ii) Fornecimento: envolve a seleção dos fornecedores, políticas de qualidade associadas, recebimento fiscal, estoque físico, armazenagem e tecnologias empregadas, como a utilização de códigos de barra.

iii) Execução: qual o direcionamento estratégico da organização? Em linhas gerais, as opções são a execução como *make to order*, isto é, para as demandas solicitadas, ou *make to stock*, empurrando a produção para os mercados, em função de estudos prévios de demanda.

iv) Distribuição: envolve a integração dos processos de estoques e transportes, conforme exposto na Figura 4.4, ou seja, compreende os procedimentos de roteirização, entrega de produtos, rastreabilidade, escolha do modal de transportes adequado e a separação de itens para as demandas consumidoras.

v) Retorno: são as políticas de logística reversa, neste caso, em relação à devolução de produtos ou serviços, com a gestão fiscal e física desses processos. Compreende as agendas de retorno, verificação de produtos e autorização de crédito.

A proposta do modelo SCOR consiste fundamentalmente na busca pela sinergia de processos e em uma estrutura de operações interfuncional, em correlação aos Capítulos 1, 2 e 3. A importância do modelo SCOR pode ser validada mediante sua utilização em escala global, com diversos estudos afirmando que os benefícios da sua utilização compreendem, para as organizações, redução de 25% dos custos totais, 40% em volumes de estoques e 80% em eficiência de processos e aperfeiçoamento ao atendimento aos clientes.

Em linhas gerais, as propostas do modelo SCOR são:

- Avaliação constante dos processos e a busca por sua integração.
- Utilização de indicadores de desempenho para processos.
- Busca pela vantagem competitiva.
- Implementação e integração de modelos estratégicos.

A Figura 4.5 elucida o modelo SCOR, conforme o SCOR Council (2011).

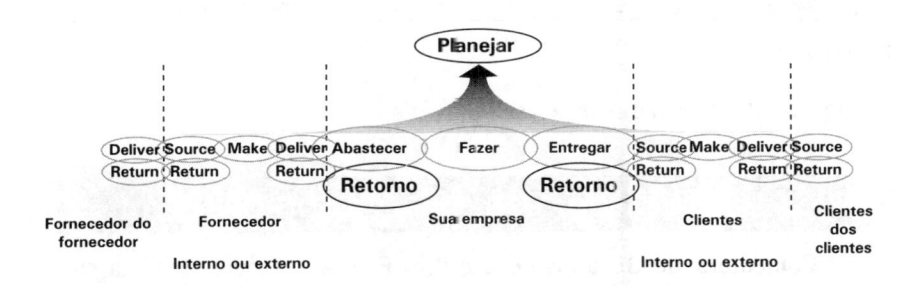

Fonte: SCC (2011).

Figura 4.5 Modelo SCOR.

A partir da Figura 4.5 acima, percebe-se que o objetivo do modelo SCOR é a integração de processos para as operações, com a adoção de indicadores de desempenho em todos os níveis da gestão da cadeia de suprimentos. Com o objetivo de integrar os processos, apresenta-se a Figura 4.6.

Em função da Figura 4.6, o SCOR Council propõe quatro atividades, sendo elas: (i) definição dos processos para se trabalhar por meio dos seus tipos; (ii) qualificação do processo ou a sua categoria; (iii) os elementos do processo, isto é, pessoas e recursos envolvidos; e (iv) implementação do processo, conforme as etapas anteriores.

A definição do escopo e do conteúdo de trabalho para o modelo SCOR propicia às organizações a implementação das operações estratégicas, melhores práticas e a busca constante pela vantagem competitiva.

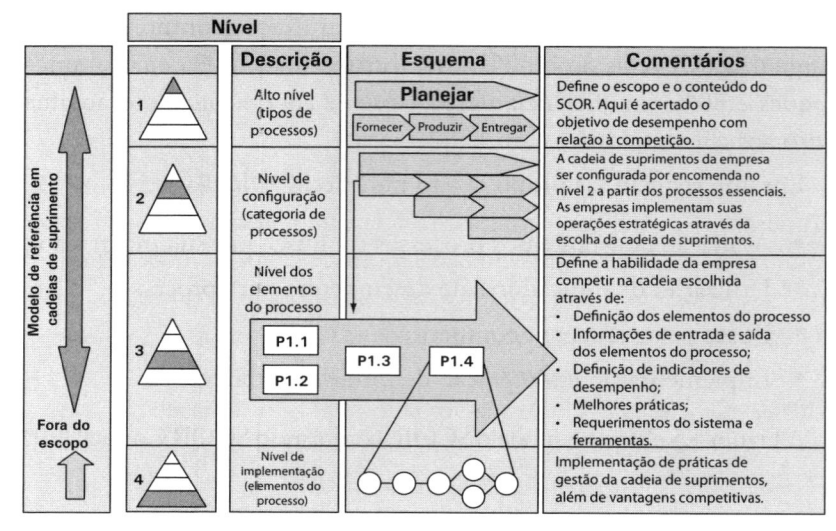

Nível			
	Descrição	Esquema	Comentários
1	Alto nível (tipos de processos)	Planejar → Fornecer → Produzir → Entregar	Define o escopo e o conteúdo do SCOR. Aqui é acertado o objetivo de desempenho com relação à competição.
2	Nível de configuração (categoria de processos)		A cadeia de suprimentos da empresa ser configurada por encomenda no nível 2 a partir dos processos essenciais. As empresas implementam suas operações estratégicas através da escolha da cadeia de suprimentos.
3	Nível dos elementos do processo	P1.1, P1.2, P1.3, P1.4	Define a habilidade da empresa competir na cadeia escolhida através de: • Definição dos elementos do processo • Informações de entrada e saída dos elementos do processo; • Definição de indicadores de desempenho; • Melhores práticas; • Requerimentos do sistema e ferramentas.
4	Nível de implementação (elementos do processo)	○○○○○○	Implementação de práticas de gestão da cadeia de suprimentos, além de vantagens competitivas.

Fonte: SCC (2011).

Figura 4.6 Integração de processos.

Estudo de caso – Fiat Automóveis

Comemorando 35 anos de Brasil, a Fiat Automóveis tem na sua fábrica em Betim, Minas Gerais, a maior produção de veículos automotivos do Grupo Fiat. Mais do que uma reprodutora, a unidade está se tornando uma desenvolvedora. Isso porque o país é cada vez mais importante dentro do processo de inovação da Fiat.

No ano de 2010, a fábrica da Fiat em Betim foi a que mais produziu automóveis no mundo, entregando cerca de 900 mil unidades no Brasil – que consome 90% da produção da fábrica – e em alguns países da América Latina, principalmente a Argentina. Hoje, a unidade fabril é considerada pelo Grupo mais do que uma filial, é uma desenvolvedora. A montadora conta com a operação brasileira para elaborar veículos diferenciados e com características de ponta.

A trajetória de inovação da Fiat no Brasil se consolidou com a criação do polo de desenvolvimento de produtos Giovanni Agnelli, em 2003. O local é considerado o mais completo centro de desenvolvimento da empresa fora da Itália. Lá trabalham cerca de mil pessoas, distribuídas entre seis áreas de engenharia que capacitam a Fiat Automóveis a deter toda a tecnologia de desenvolvimento de um automóvel, do design à construção dos protótipos.

Para tanto, essas áreas foram dotadas de laboratórios com recursos de última geração, capazes de simulações e testes dinâmicos em escala real.

São necessários anos para conceber, projetar e desenvolver um novo modelo de carro, mas, a partir do momento que está no mercado, em comercialização, cerca de 23 horas são exigidas para concluir sua montagem, desde as chapas de aço planas até o teste final.

O ponto de partida para essas 23 horas é o galpão de prensas, onde começa a vida de um automóvel. É ali que as chapas de aço são transformadas em peças para a carroceria do veículo. Elas chegam em bobinas ou em chapas já cortadas e tratadas quimicamente. As prensas, então, recortam, dobram e furam as chapas até chegarem ao desenho da peça desejada. Dezessete linhas de prensas médias e grandes estão em funcionamento, cada uma com capacidade de fazer de 15 a 20 tipos de peças diferentes. São 108 prensas com poder de impacto variando entre 50 e 1500 toneladas. Algumas dessas linhas já estão totalmente automatizadas. Já neste momento, no início da operação, é possível observar pontos interessantes, como a segurança do trabalhador, os cuidados com as tarefas de risco e também a reciclagem de 98% dos resíduos da produção, como as aparas de aço que sobram das prensas e caem em uma esteira transportadora que, do subsolo, as leva para um galpão, onde são recolhidas para, posteriormente, serem reprocessadas e utilizadas como chapas de aço novas.

Na unidade produtiva de funilaria as peças estampadas nas prensas são soldadas e a carroceria começa a tomar forma. O piso do carro é o ponto de partida. Em seguida, ele é unido à frente do veículo e, depois, teto, traseira e laterais são montados. A carroceria é enviada para uma importante máquina da fábrica, batizada de Mascherone – em homenagem ao engenheiro responsável por sua criação –, e, no intervalo de um minuto, recebe os primeiros 48 pontos de solda. Na complementação das soldas, a carroceria segue um percurso ao longo do qual vai receber entre 3,8 mil e 4,5 mil pontos de solda, dependendo do veículo. Ao final, um processo de revisão rigoroso é feito para só então o carro seguir para a pintura. Na funilaria, assim como em toda a fábrica, estão distribuídas várias UTEs – Unidade Tecnológica Elementar. Na sala azul e envidraçada estão integradas as atividades de RH, segurança, qualidade e produtividade da tarefa específica que é desenvolvida naquele local da fábrica. Ali também estão concentradas as ações do WCM – World Class Manufacturing, programa internacional de qualidade do qual a Fiat faz parte.

A cada duas horas de serviço, muda-se a tarefa do trabalhador para preservar sua saúde. No total, ele pode exercer até três funções diferentes e, para isso, precisa ter conhecimento e autonomia sobre todos os processos, como determina o controle de qualidade de cada etapa. A mudança de função, os intervalos e as trocas entre os três turnos de produção da fábrica não podem interromper nenhuma linha de montagem.

Na unidade de pintura a carroceria "viaja" por transportadores aéreos, cabines e aplicações robotizadas, muito difundidas nesta etapa do processo. Cerne da durabilidade e beleza da carroceria do automóvel, a tinta é aplicada somente depois que recebe tratamento para proteção contra corrosão e resistência a intempéries. A aplicação de materiais fonoabsorventes e de vedação produzem conforto e proteção ao interior do automóvel quanto a poeira, água, ruídos e batidas de pedra.

Os gases produzidos nos processos de pintura, secagem e solda são coletados, filtrados e purificados, eliminando-se as substâncias poluentes. A Fiat foi a primeira montadora do Brasil a eliminar totalmente as emissões de solventes na atmosfera.

No galpão de montagem final é feita a finalização do veículo, quando ele recebe os componentes externos e internos, como estofados, bancos, vidros, painéis, luzes, motor, suspensão, parte elétrica, entre outros. Nesse momento, o carro passa a ser produzido segundo as especificações de venda. A primeira ação é a gravação do número de chassi. A partir daí, todas as peças, itens e especificidades do carro serão feitos de acordo com as demandas do cliente. A Fiat adota o pós-Fordismo e não trabalha com estoques – as peças armazenadas estão determinadas para suas respectivas carrocerias. Com a linha de montagem "Just in Time", as peças entram na mesma sequência em que estão as carrocerias para as quais são destinadas. Nessa linha, poucos erros acontecem. Quando falta uma peça na sequência, por exemplo, ela continua seguindo se a peça for pequena (será colocada ao final, na unidade de entrega do veículo ao cliente) e para se a peça for grande e determinante para a montagem final.

Ao final da linha, o automóvel sai do galpão direto para as mãos experientes dos pilotos de teste da unidade de entrega do veículo ao cliente. Para garantir a segurança e a qualidade, 100% dos carros passam pela pista de teste. Ela tem 3,8 mil metros de extensão e é dividida em seis trechos de maior e menor velocidade, nos quais são efetuadas avaliações do isolamento acústico, impermeabilidade, câmbio e transmissão e frenagem. Na pista, os veículos passam por testes que os submetem a possíveis situações reais, com velocidades que variam entre 70 e 110 km/h – a velocidade máxima permitida. Durante os testes, os carros vão percorrer até 20 quilômetros, padrão estabelecido pela Fiat. Todos os pilotos devem ter pelo menos dois anos de experiência na linha de montagem para conhecer todos os processos que formatam o carro e conhecimentos avançados de mecânica, pois são eles que vão reconhecer e reparar os possíveis defeitos que o carro apresente antes de entregá-lo ao cliente. Finalmente, ao término das 23 horas, o veículo saiu pronto da fábrica de Betim para a concessionária e, de lá, para seu primeiro proprietário.

Exercícios propostos

1. Qual o conceito de integração de processos?
2. Qual a importância do ambiente de negócios para a estrutura de negócios, relacionando o tema à gestão de operações?
3. Como a integração de processos pode ser benéfica, de forma a atender às demandas dos clientes no menor tempo, com qualidade máxima e custos adequados?
4. Como estruturar as operações de negócios, de forma a atender às demandas internas e externas das organizações?
5. Qual a relação entre a gestão de operações e a cadeia de suprimentos? Da mesma forma, qual a importância dos serviços de transportes, estoques e gestão da informação para as organizações? Seriam essas atividades estratégicas? Justifique a resposta.
6. O que é o modelo SCOR e qual a sua aplicabilidade para as organizações?

Integração entre suprimentos e planejamento da demanda

5

Objetivos do capítulo

- Evidenciar a importância da gestão de estoques por meio de metodologia quantitativa apropriada, demonstrando a sua eficiência para gestão de operações.
- Apresentar a importância entre os modelos de suprimentos *versus* planejamento da demanda.
- Apresentar o estudo de caso da Seculus Relógios, como um modelo de integração entre suprimentos e planejamento da demanda.

Você está no seguinte item em destaque, conforme o mapa mental proposto:

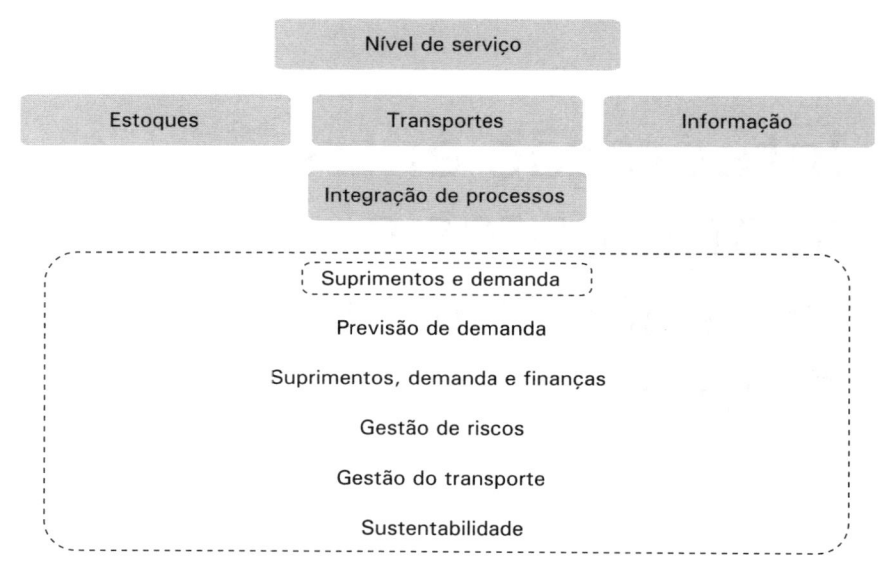

```
                    Nível de serviço

    Estoques        Transportes        Informação

              Integração de processos

    ┌───────────────────────────────────────────────┐
    │         ┌─ Suprimentos e demanda ─┐           │
    │              Previsão de demanda              │
    │       Suprimentos, demanda e finanças         │
    │              Gestão de riscos                 │
    │              Gestão do transporte             │
    │              Sustentabilidade                 │
    └───────────────────────────────────────────────┘
```

Fonte: Autores (2012).

Figura 5.1 Mapa mental do livro.

Perguntas provocadoras

- Qual a importância das análises quanto a suprimentos e demandas para a gestão de operações?
- Quais são os modelos utilizados para a gestão de suprimentos?
- Por que as análises de suprimentos e demandas são importantes para a cadeia de valor?

Suprimentos e demanda – importância estratégica

A importância da gestão de estoques para as organizações está associada ao valor financeiro, ao espaço físico utilizado e à gestão de informação, por meio do uso de sistemas de informações para a correta parametrização de dados na cadeia de valor, conforme a Figura 5.2.

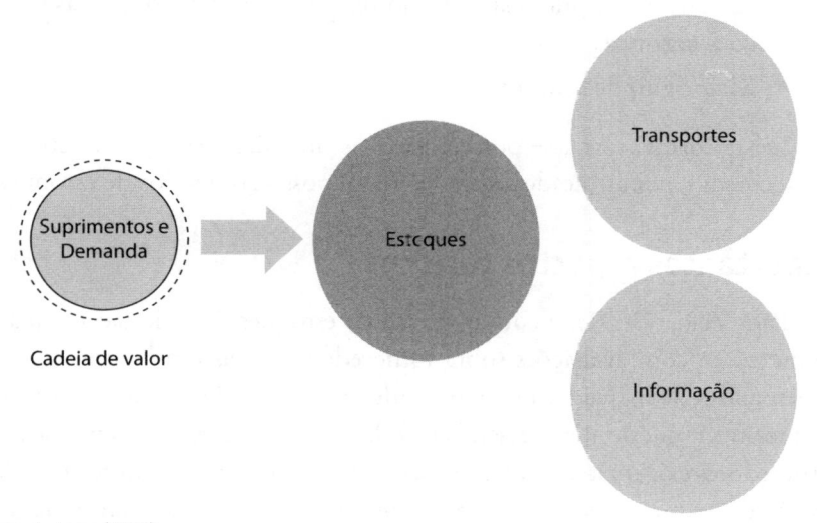

Fonte: Autores (2012).

Figura 5.2 Importância de suprimentos e demanda para a cadeia de valor.

Considera-se estoque qualquer recurso físico atrelado a valores financeiros e atributos fiscais. Até o advento do Plano Real, em 1994, era comum verificar organizações com acúmulos de estoques, decorrentes dos problemas da inflação e das falhas associadas aos modelos de previsão de demanda.

A partir da estabilização econômica tornou-se impraticável trabalhar com volumes elevados de estoques, pois representam um risco para a saúde financeira de qualquer organização. Logo, a prática corrente para a época foi a redução das quantidades compradas e uma melhor gestão financeira associada a previsões de consumo ou vendas.

Atualmente, os gestores de operações devem administrar os seus estoques considerando os seguintes critérios:

- Redução do número de recursos estocados.
- Redução do número de fornecedores cadastrados.

- Melhoria dos processos de seleção, cadastro e supervisão de fornecedores para ganhos de qualidade de estocagem.
- Busca pela barganha, considerando uma conduta "ganha-ganha", e por um relacionamento comercial saudável e de longo prazo.
- Maior proximidade entre os fornecedores, depósitos e/ou fábricas para redução dos custos de transportes.
- Adoção de métodos quantitativos para controle de estoques, uma vez que a compra pela intuição representa um risco para as operações logísticas.
- Maior giro de estoques.

Desta forma, torna-se possível para as organizações a gestão eficiente dos recursos e a redução de riscos, perdas e possíveis desvios de estoques.

Importantes aspectos técnicos

Para Viana (2001), a correta gestão de estoques deve destacar a análise de mercado, com avaliações sobre fornecedores atuais e potenciais e sobre as demandas de mercado. Logo, entender a quantidade ótima a se comprar para ressuprir os estoques é essencial. Todavia, os processos de contratação de fornecedores exigem a formulação adequada de contratos, compreendendo a adoção de gestores especialistas para a supervisão dos custos operacionais, do tempo de movimentação e da qualidade implícita nas negociações.

Ressalte-se que a gestão orçamentária e tributária para a compra de estoques é um diferencial para a sobrevivência das organizações. O entendimento sobre custos, poder de barganha e a precificação das operações pode garantir a longevidade da gestão de estoques.

Logo, algumas perguntas devem ser levantadas e observadas como centrais para uma adequada gestão de estoques: o que deve ser comprado? Quais são as especificações de compras? Existe um procedimento adequado entre o setor de materiais e finanças para a emissão dos pedidos e ordens de compra? Como os estoques devem ser comprados? Existem especificações técnicas que determinem a aquisição? Qual a melhor época de reposição de estoques? Qual o parâmetro de compra? Qual o melhor fornecedor e a sua localização adequada? Como avaliar corretamente o preço e as quantidades a comprar?

As perguntas acima são corriqueiras nas organizações contemporâneas. Porém, qual a melhor forma de respondê-las?

Para Wanke (2006), umas das principais preocupações das organizações é a adoção de modelos quantitativos aplicados em processos gerenciais de estoques, devido ao ambiente econômico instável atual, caracterizado pelo rápido avanço da globalização, pelo aumento da competição e da inovação e por questões políticas, o que favoreceria o bom desempenho dos setores responsáveis pela compra de estoques. Portanto, o desenvolvimento de modelos quantitativos sofisticados, paralelamente ao rápido desenvolvimento de sistemas computacionais para o favorecimento da manipulação de dados, seria favorável ao bom desempenho das atividades de planejamento e controle operacional de estoques. Para o autor, a adoção da intuição, como única ferramenta disponível para os gerentes de materiais, está praticamente sumindo, devido à complexidade da variação de itens em estoques.

Segundo Tadeu (2008), é necessário reduzir os custos de estocagem. Para isso, as organizações devem saber selecionar, cadastrar e contratar fornecedores que possuam ótimas qualificações e que atendam às necessidades de compras ou produção prontamente, reduzindo o tempo de entrega e volumes associados. Buscam-se entregas frequentes e em lotes reduzidos para aumentar o giro de estoques. Consequentemente, cogita-se a redução de riscos, perdas, desvios e depreciação. Nesse caso, a adoção de modelos quantitativos em correlação com as previsões de demanda é o essencial.

Já para o *Council Supply Chain Management Process* – CSCMP (2008), a gestão eficiente de estoques perpassa os modelos quantitativos e de previsão de demanda. Deve-se entender os modelos da gestão colaborativa. Basicamente, a metodologia colaborativa consiste em planejar a gestão de operações, incluindo os fornecedores e vendas. A partir dessas atividades programadas, o próximo passo está associado às análises de mercado e às previsões de demanda. Em seguida, a execução do planejamento de distribuição e, como último passo, a reavaliação por adoção de indicadores de desempenho em toda a engenharia de processos. Portanto, os modelos colaborativos representam um avanço para a gestão de estoques, por considerarem a previsão de demanda em conjunto com modelos estratégicos de distribuição e sua eficiência operacional. Um ponto em comum é a utilização de modelos quantitativos quando considerado o emprego da avaliação de desempenho e eficiência por métricas adequadas.

Conclui-se que as metodologias quantitativas de estoques são importantes para um bom desempenho do setor de materiais. Para esse estudo, fundamenta-se a modelagem aplicada proposta por Viana (2001).

Modelagem aplicada

O gerenciamento de estoques visa, por meio de métodos quantitativos aplicados, o pleno atendimento das expectativas de produção ou consumo das organizações, com máxima eficiência, redução de custos e tempo de movimentação. Busca-se maximizar o capital investido, em busca de retornos satisfatórios sobre o investimento realizado.

Desta maneira, os estoques não podem ser considerados excesso de recursos ou materiais ociosos devido à sua representatividade financeira e à necessidade pelo índice de cobertura e vendas. Portanto, os níveis estocados devem ser revistos continuadamente, evitando-se problemas de custos excessivos de armazenagem e de movimentação interna e externa aos depósitos.

A adoção de cálculos para a verificação de parâmetros, como estoque de segurança, nível de ressuprimento, estoque máximo, estoque virtual, quantidade a comprar e lote econômico de compras, entre outros, é uma tarefa vital. Gestores de estoques que permitem o acontecimento da ruptura, ou seja, estoque igual a zero, estão sujeitos a sérios problemas, passando pela ausência da barganha, pelo registro da ordem de compra emergencial, pela não computação de vendas, pelos prejuízos associados e pela possibilidade do fortalecimento da concorrência.

Portanto, existem razões para o pleno controle de estoques, sendo elas:
- Propiciar níveis adequados de estoques em ambientes de incerteza.
- Necessidade de continuidade em ambientes de produção e operações.
- Capacidade de previsão de demanda futura, em função das variações de planejamento de materiais.
- Disponibilidade de estoques nos fornecedores.
- Adequação aos prazos de entrega, para evitar multas contratuais e quedas no nível do serviço proposto.
- Economia de custos.
- Redução de perdas, desvios de estocagem e depreciação.
- Redução dos volumes de estoques e armazenagem.

Sendo os estoques recursos físicos com valor econômico associado, há a necessidade de evitar dispêndios desnecessários. Para tanto, as equações a seguir têm a finalidade de manter níveis adequados e permanentes de estoques.

Equações propostas

A otimização de estoques passa por estimativas de cálculo que devem ser interpretadas e aplicadas para o pleno gerenciamento da área de materiais. Todas as equações apresentadas são destinadas para a aplicação por item, respeitando-se o princípio da gestão por categoria de materiais.

Como primeira etapa, a compreensão do gráfico dente de serra é primordial para o emprego de equações matemáticas. O gráfico 5.1 apresenta-se como uma referência para a gestão de estoques, representando a situação atual de recursos. Flutuações das quantidades pelo tempo devem ser registradas, sendo, porém, objeto de análise posterior deste texto por meio das simulações dinâmicas em Excel.

Gráfico dente de serra (1): consiste na interpretação gráfica das flutuações de estoques, tornando a gestão de estoques visual e facilitada.

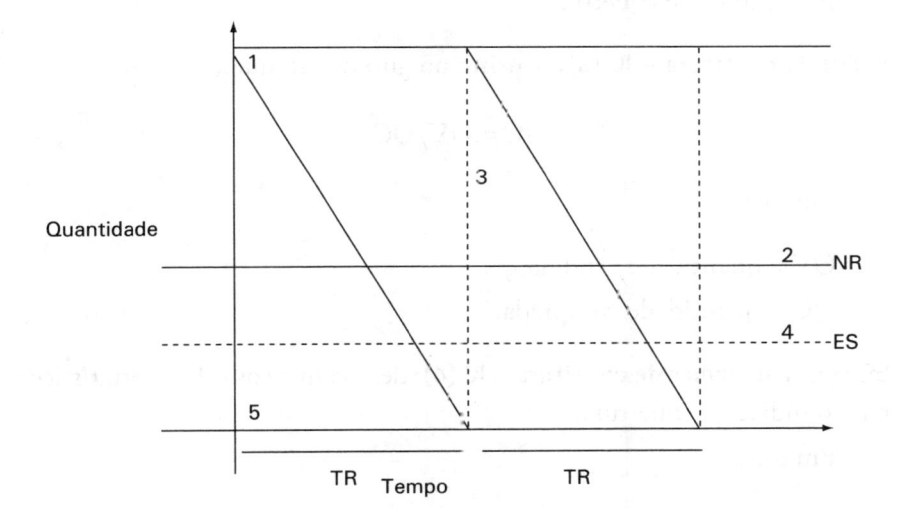

Fonte: Autores (2012).

Gráfico 5.1 Gráfico dente de serra.

Em que:

Ponto 1: estoque máximo;

Ponto 2: nível de ressuprimento, ou estoque médio;

Ponto 3: estoque virtual. Consideram-se o estoque real armazenado e as encomendas;

Ponto 4: estoque de segurança;

Ponto 5: ponto de ruptura.

Estoque máximo – EM (2): consiste na quantidade máxima permitida em estoque para o item em análise. O nível máximo pode ser atingido pelo estoque virtual quando da emissão da ordem de compra até a entrega das mercadorias. O registro de estoque máximo é dado por meio das demandas analisadas.

$$EM = NR + PU * IC$$

Em que:

NR = nível de ressuprimento, ou estoque médio;
PU = preço unitário;
IC = índice de cobertura.

Índice de cobertura – IC (3): consiste no giro de estoques.

$$IC = QV/QC$$

Em que:

QV = quantidade vendida;
QC = quantidade comprada.

Eficiência do índice de cobertura – IC (4): destacam-se os valores estatísticos para o índice de cobertura.

Em que:

0% até 30% = índice de cobertura ruim;
30% até 70% = índice de cobertura bom;
70% até 100% = índice de cobertura ótimo.

Estoque de segurança – ES (5): considerado estoque mínimo. Ou seja, é a quantidade mínima aceitável de estoques necessária para suportar o tempo de ressuprimento. Indica a quantidade de estoques para iniciar os pedidos de encomendas.

$$ES = K * TR * CMM$$

Em que:

K = fator de segurança;
TR = tempo de ressuprimento;
CMM = consumo médio mensal.

Fator K (6): consiste em um fator de segurança, em virtude da importância e da sazonalidade dos estoques. Observe que o fator K não deve ultrapassar a escala de 100%. Cada organização pode adotar o fator K, em virtude do processo de tomada de decisão gerencial.

Estoque real – ER (7): consiste na quantidade real de estoques em depósito. Não existem estimativas matemáticas para esse critério. O recomendado para verificar a quantidade de estoques é a realização de inventários para a redução de riscos e perdas e a depreciação de materiais.

Estoque virtual – EV (8): é o estoque real acrescido das quantidades encomendadas aos fornecedores.

$$EV = ER + Encomendas$$

Em que:

ER = estoque real.

NÍVEL de ressuprimento – NR (9): consiste na quantidade a ser atingida pelo estoque real. Indica o nível médio de estoques em função das demandas de mercado.

$$NR = ES + CMM * TR$$

Em que:

ES = estoque de segurança;
CMM = consumo médio mensal;
TR = tempo de ressuprimento.

Tempo de ressuprimento – TR (10): é o intervalo de tempo entre a emissão da ordem de compra e o recebimento de mercadorias oriundas dos fornecedores. É composto de tempos internos e externos de movimentação de estoques.

$$TR = TPC + TAF + TT + TRR$$

Em que:

TPC = tempo de preparação de compra;
TAF = tempo de atendimento do fornecedor;
TT = tempo de transporte;
TRR = tempo de recebimento e regularização.

Ponto de ruptura – PR (11): indica que o estoque está nulo. Ocorre quando o consumo de materiais chegou ao nível zero. Observe que a ocorrência do ponto de ruptura é negativo para a área de materiais, pois pode acarretar em compras emergenciais e sem a existência do poder de barganha junto aos fornecedores.

Quantidade a comprar – QC (12): é a quantidade solicitada em uma ordem de compras para a aquisição de estoques.

$$QC = EM - EV$$

Em que:

EM = estoque máximo;
EV = estoque virtual.

Pedido inicial – QC (13): refere-se à quantidade inicial de compras, sendo a primeira aquisição de estoques das organizações.

$$QC = CMM * TR * 2ES$$

Em que:

CMM = consumo médio mensal;
TR = taxa de ressuprimento;
2*ES = duas vezes estoque de segurança.

Lote econômico de compras – LEC (14): representa a quantidade ideal de estoques para que os custos de compras sejam ótimos e sem perdas.

$$LEC = \sqrt{\frac{2*CA*CC}{CPA*PU}}$$

Em que:

CA = consumo anual em quantidades;
CC = consumo unitário do pedido de compra;
CPA = custo do produto armazenado;
PU = preço unitário do material.

Custo total (15): representa os custos totais da área de materiais. São consideradas todas as operações de estocagem em uma organização.

$$\text{Custo total} = \frac{CA}{LEC(\%)}*CC + \frac{LEC(\%)}{2}*PU*CPA$$

Em que:

CA = consumo anual em quantidades;
LEC (%) = lote econômico de compras dividido por 100;
CC = consumo unitário do pedido de compra;
PU = preço unitário do material;
CPA = custo do produto armazenado.

Curva ABC (16): historicamente, a curva ABC foi desenvolvida pelo economista Vilfredo Pareto, em 1897, para classificar a sociedade em classes econômicas. Porém, desde a década de 1990, a General Electric decidiu utilizar essa metodologia para organizar os seus estoques em prioridades.

Interpretando a curva ABC, podemos afirmar que:

Estoques classe A: representam o grupo de maior valor de consumo e menor quantidade de itens que devem ser gerenciados com muita atenção.

Estoques classe B: representam o grupo em situação intermediária às classes A e C.

Estoques classe C: representam o grupo com menor valor de consumo e maior quantidade de itens. Portanto, é o grupo financeiramente menos importante e que justifica menor atenção no gerenciamento.

Para a elaboração da curva ABC, existem algumas fases que devem ser respeitadas: (a) levantamento dos itens em estoque, considerando sua descrição, quantidade e valores financeiros associados, (b) organização dos estoques em uma tabela, (c) interpretação dos estoques, em função da tabela mestra, conforme Tabela 5.1, e (d) análise dos resultados.

Tabela 5.1 Tabela mestra da curva ABC.

	A	B	C
Ordenadas	até 75%	até 30%	até 10%
Abscissas	até 20%	até 35%	até 70%

Fonte: Autores (2012).

Fonte: Autores (2012).

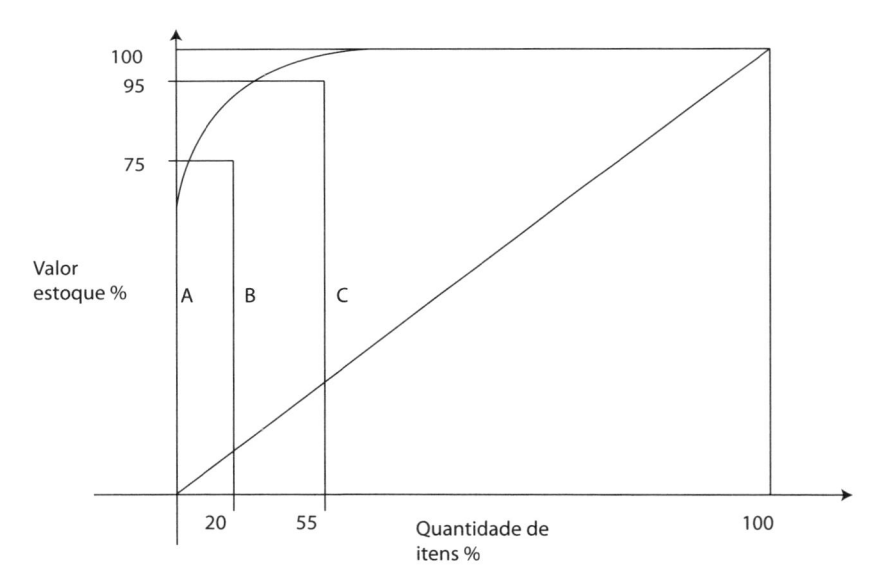

Gráfico 5.2 Curva ABC.

Considerações finais (17): existem regras básicas de aproximação de grandezas de cálculo de materiais para facilitar as equações apresentadas. Entre elas, destacam-se:

NR = ER (modelo *Push Systems*, com a existência de estoques nos depósitos);

NR = ES (modelo *Pull Systems*, sem a existência de estoques nos depósitos ou nos fornecedores).

Conclusões e recomendações

Pode-se concluir que a adoção de métodos quantitativos de estoques é fundamental para que as organizações obtenham resultados satisfatórios no processo de tomada de decisão gerencial, na escolha de fornecedores e no desembolso de caixa para o setor de materiais. Em virtude do estágio avançado dos modelos apresentados e pela utilização de sistemas computacionais, os modelos qualitativos para a gestão de estoques não devem ser empregados, em razão do risco de perdas, depreciação e possível movimentação inadequada de recursos. Fatores como qualidade, tempo e custos devem ser gerenciados para que as organizações tenham um nível de serviço adequado às demandas de mercado.

Estudo de caso – Seculus Relógios

Atuando no instável mercado de moda, porém com uma sólida organização de mais de 50 anos de história e duas gerações da família reunidas na direção, a Seculus traz para o mercado seus relógios e também uma nova forma de gestão, mais integrada, ágil, atenta e segura dentro do atual turbilhão de tendências.

Em 1960, oito irmãos de uma família ligada ao comércio e ao empreendedorismo decidiram se lançar no mercado de joias montando uma sociedade sem capital, mas com muita disposição para o trabalho. Como não há joalheria sem relógios, o negócio que os irmãos Azevedo administravam também vendia relógios nacionais e importados. Foi como importadora de relógios que a marca Seculus surgiu pela primeira vez nessa história, no início da década de 1970. Mas a década de 1980 mostrou que era muito difícil ser importador em um país fechado como o Brasil de então, e o foco da empresa voltou às joias. O trabalho com relógios, no entanto, não estava esquecido e, na primeira oportunidade, quando a Constituição de 1988 renovou os benefícios da Zona Franca de Manaus, a Seculus da Amazônia foi fundada. Os relógios passaram a ter matéria-prima importada, mas design e montagem nacionais. De lá para cá, os relógios Seculus ganharam mercado, o grupo adquiriu a tradicional marca Mondaine em 2005 e fez uma grande movimentação de portfólio, distribuindo no Brasil os relógios Puma, Guess e outros importados e licenciando a marca esportiva Speedo. O *mix* hoje conta com nove marcas, entre próprias, distribuídas e licenciadas.

Nos últimos dez anos, não foi só a Seculus que passou por fortes movimentações. O mercado de relógios também mudou muito, especialmente quando deixaram de ser acessórios funcionais – de informação das horas e medição do tempo – e passaram a ser acessórios estéticos, ligados à moda. O que definiu essa transformação foi a entrada dos relógios digitais que nos acompanham por todo o dia: celulares, painel do carro, visores de eletrônicos diversos. O mercado, incluindo a Seculus, passou por um profundo questionamento: o relógio viraria produto em extinção? Foi quando ele adquiriu, para todas as camadas sociais (antes, apenas as camadas mais altas tinham no relógio um apelo de status), a função de acessório de moda, com design, conceitos relacionados, estilo, diferentes coleções e estações. Tudo isso significa trabalhar com lançamentos e novidades constantes, atenção às tendências, opções, ofertas e altíssimo índice de SKU – *Stock Keeping Unit*, ou seja, itens em estoque. Em adição a isso, significa fazer parte de um mercado não amadurecido, com crescimento acima de 50% nos últimos dois anos, porém muito instável, o que faz com que a previsibilidade de demanda seja um desafio complexo.

Para vencer esse desafio, o direcionamento estratégico da Seculus está investindo na ferramenta S&OP – *Sales and Operation Plan* – para uma gestão integrada entre o comercial e a produção. A técnica fez evoluir a visão do negócio, com um alinhamento muito maior entre o que está acontecendo e a previsão do que vai acontecer. Se, por um lado, a gestão comercial desenvolve mais canais de vendas – uma das evoluções que aconteceram junto com a transformação do medidor de tempo em acessório é a maior gama de locais e formas de comercialização –, por outro, a produção precisa estar alinhada com as tendências, os novos materiais e a agilidade de resposta que o mercado da moda exige, com um alto nível de SKU. Incentivar o consumidor, testar novidades e provocar o desejo de consumo das marcas é um trabalho de inteligência de mercado e P&D vital para o novo negócio dos relógios.

O que a produção em S&OP faz é conectar tudo que vinha sendo trabalhado separadamente: fornecimento, produção, distribuição, comercialização. O ganho sinérgico é grande. Em vez de uma diretoria industrial preocupada em produzir, de diretorias de marketing e comercial preocupadas em provocar o mercado e uma diretoria financeira preocupada em acompanhar a necessidade de investimentos, o *pool* de informações conectadas é do conhecimento dos gestores de todas as áreas. Essa visão integrada do processo traz aumento da força interna, menor perda de energia, maior previsibilidade de mercado, giro e margem de lucro, além de maior assertividade nas decisões de direcionamento.

Como ferramenta para acelerar e tornar mais assertivas as decisões gerenciais, o S&OP não é uma novidade de gestão, mas uma forma coerente encontrada pela Seculus de repensar e conectar seus processos, com simplificação de dados e análises de previsibilidade. Com apenas 90 dias de uso do método, a empresa foi capaz de fazer previsões seguras para os seis meses seguintes, algo jamais imaginado, especialmente nesse mercado instável.

Um dos aprendizados que o sistema de gestão trouxe foi a maneira de trabalhar os dados que são importantes na tomada de qualquer decisão. Dentre uma enorme massa de dados disponíveis, alguns deles são fundamentais. O desafio é identificar quais são as informações corretas e que farão diferença em um processo decisório ágil e certeiro. A simplificação da operação é um dos propósitos da S&OP – poucos dados são suficientes e vitais. Isso faz com que a diretoria consiga se desvencilhar um pouco do operacional para fazer análises de mercado com mais calma e segurança, pesquisando mais, buscando novos horizontes, tendências e comportamentos. Hoje já podem ser discutidas pautas que entrarão em ação em cerca de oito meses. Claro que crises no mercado podem acontecer e ainda afetarão o negócio – com uma forte dependência de componentes importados da Ásia, o negócio é extremamente suscetível a crises. No entanto, preparar-se com antecipação para as decisões de médio e longo prazo garante que as emergenciais e de curtíssimo prazo podem ser feitas com mais tranquilidade para, se não reverter, ao menos minimizar os impactos de qualquer "tsunami" no mercado.

Entre os desafios que a nova forma de gestão da Seculus enfrenta está a questão cultural. Não só gestores dos altos cargos precisam entender o processo e conectar ideias e ações entre si, como toda a equipe deve ser incluída na nova filosofia da organização, de forma que ela possa ser levada para todos os processos internos da indústria. O envolvimento de gestores e líderes em todos os níveis de hierarquia é importante para que haja uma predisposição em se aproximar de outras áreas, buscando-se soluções mais previsíveis, mais coordenadas e com continuidade lógica. Para isso, outro desafio é saber, sempre, em que rumo se está navegando. Desde o início do traçado de uma nova rota, como aqui é o caso da introdução do sistema de S&OP, o conhecimento de onde se quer chegar é necessário para toda a organização, que, assim, saberá se guiar melhor pelo caminho.

Exercícios propostos

1. No passado, as organizações trabalhavam com excesso de estoques. A razão para essa postura referia-se ao comportamento da economia e da inflação. Atualmente, a proposta está no gerenciamento adequado entre a capacidade de suprimentos e demanda, não causando problemas de caixa. Estaria correta essa afirmação? Justifique.
2. Qual o melhor posicionamento: ter ou não ter estoques?
3. Qual a importância do gerenciamento adequado de estoques, juntamente com a comercialização de produtos e serviços? Qual a análise do estudo de caso da Seculus Relógios quanto a esta pergunta?

Previsão de demanda

Objetivos do capítulo

- Evidenciar a importância da previsão de demanda para a gestão de operações.
- Apresentar a previsão de demanda linear e a sua eficiência para decisões gerenciais.
- Apresentar o estudo de caso sobre uma empresa do setor varejista, tendo como um dos principais desafios o alinhamento entre a gestão de estoques e a previsão de demanda.

Você está no seguinte item em destaque, conforme o mapa mental proposto:

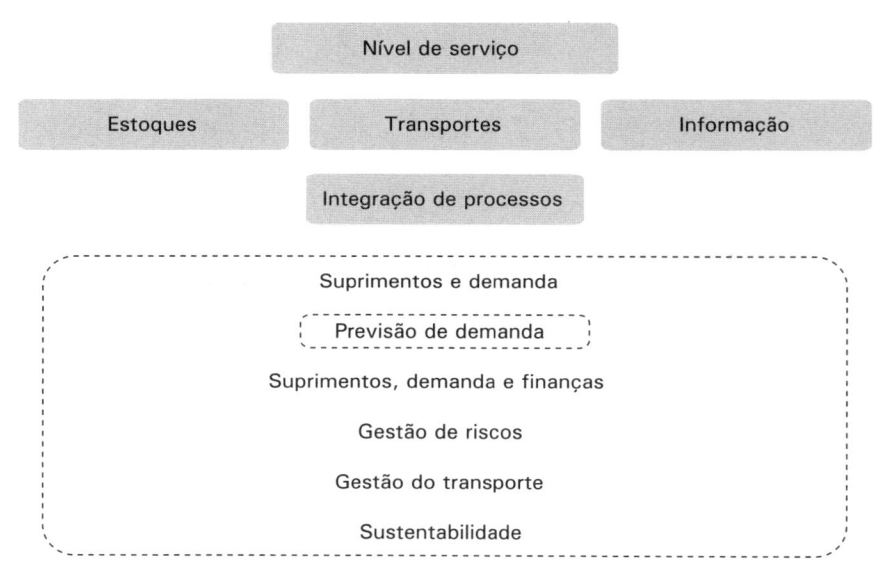

```
                    Nível de serviço

    Estoques          Transportes          Informação

            Integração de processos

    ┌─────────────────────────────────────────────┐
    │         Suprimentos e demanda               │
    │         ┌─────────────────────┐             │
    │         │ Previsão de demanda │             │
    │         └─────────────────────┘             │
    │      Suprimentos, demanda e finanças        │
    │              Gestão de riscos               │
    │            Gestão do transporte             │
    │              Sustentabilidade               │
    └─────────────────────────────────────────────┘
```

Fonte: Autores (2012).

Figura 6.1 Mapa mental do livro.

Perguntas provocadoras

- Qual a aplicação da previsão de demanda linear para as organizações?
- Qual a utilidade dos modelos de previsão de demanda para a gestão de operações?
- Os modelos de previsão de demanda podem ser úteis para o setor de serviços?

Introdução

As previsões acerca das quantidades de produtos ou serviços que os clientes demandarão no mercado são um dos aspectos fundamentais para a construção de todo o planejamento organizacional. Ser capaz de projetar esse consumo, adequando os recursos para suprir prováveis demandas, é medida essencial para sustentar o planejamento e assegurar a continuidade das operações.

Desta forma, o gerenciamento de estoques e serviços visa ao pleno atendimento das expectativas de produção ou consumo das organizações, com máxima eficiência, redução de custos e tempo de movimentação. Busca-se maximizar o capital investido, alcançando-se taxas de retorno satisfatórias sobre o investimento realizado.

Sendo assim, os estoques ou serviços não podem ser considerados excesso de recursos ou materiais ociosos devido à sua representatividade financeira, à necessidade de sustentação do índice de cobertura em níveis de eficiência e à consecução das vendas. Portanto, os níveis estocados devem ser revistos continuadamente, evitando-se problemas de custos excessivos de armazenagem e de movimentação interna e externa aos depósitos.

A adoção de modelos de demanda para a verificação de parâmetros de consumo futuro envolve inicialmente a utilização da regressão da estatística, sendo uma tarefa vital para o planejamento operacional.

Portanto, existem razões para o pleno controle de recursos e a adoção dos modelos de previsão de demanda, sendo elas:

- Propiciar níveis adequados de recursos em ambientes de incerteza.
- Necessidade de continuidade em ambientes de produção e operações.
- Capacidade de previsão de demanda futura, em função das variações de planejamento de materiais.
- Evitar excessos ou faltas de recursos, incorrendo em custos desnecessários.
- Adequação aos prazos de entrega, para evitar multas contratuais e quedas no nível do serviço proposto.
- Economia de custos.
- Redução de perdas, desvios de estocagem e depreciação.
- Redução dos volumes de recursos operacionais.

Sendo os recursos em estoques ou para serviços um valor econômico, há a necessidade de evitar dispêndios desnecessários. Para tanto, o modelo proposto na Figura 6.2 tem a finalidade de manter níveis adequados e permanentes de recursos, por meio do alinhamento entre a gestão de operações e vendas.

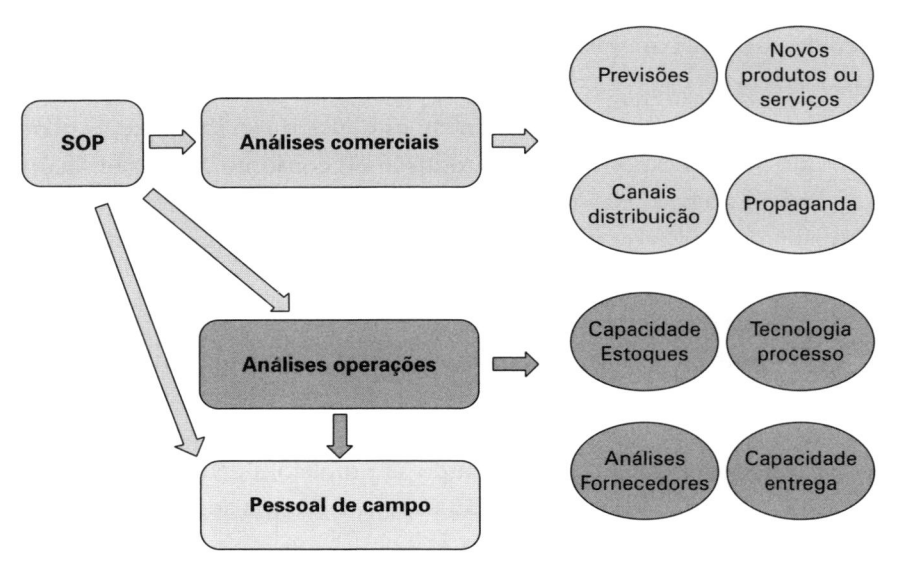

Fonte: Autores (2012).

Figura 6.2 Alinhamento a gestão de operações e vendas.

A partir do SOP (relembre o estudo de caso da Seculus, proposto no Capítulo 5), são realizadas análises comerciais para a gestão de operações, e as informações são repassadas para o pessoal de campo. Para tanto, algumas perguntas são importantes: qual a previsão de demanda? Qual a qualidade dos canais de distribuição? Qual a capacidade de estoques? Finalmente, qual a capacidade de entrega dos fornecedores?

Para uma correta previsão de demanda, o processo operacional deve estar bem alinhado às análises quantitativa e qualitativa, assim como aos períodos de contratação dos fornecedores e à operação propriamente dita, segundo a Figura 6.3.

```
                    ┌──────────────┐
                    │  Qualitativo │
    ┌─────────────┐╱└──────────────┘
    │ Previsão de │
    │   Demanda   │╲┌──────────────┐
    └──────┬──────┘ │ Quantitativo │
           │        └──────────────┘
           ▼
    ┌─────────────┐
    │ Suprimentos │
    └──────┬──────┘
           │
           ▼                ┌─────────────────────────┐
    ┌─────────────┐         │  Carteira confirmada    │
    │  Fornecedor │         │  Carteira a contratar   │
    └──────┬──────┘         │                         │
           │                │       (Incerteza)       │
           ▼                └─────────────────────────┘
    ┌─────────────────┐
    │    Operação     │
    │   e Logística   │
    └─────────────────┘
```

Fonte: Autores (2012).

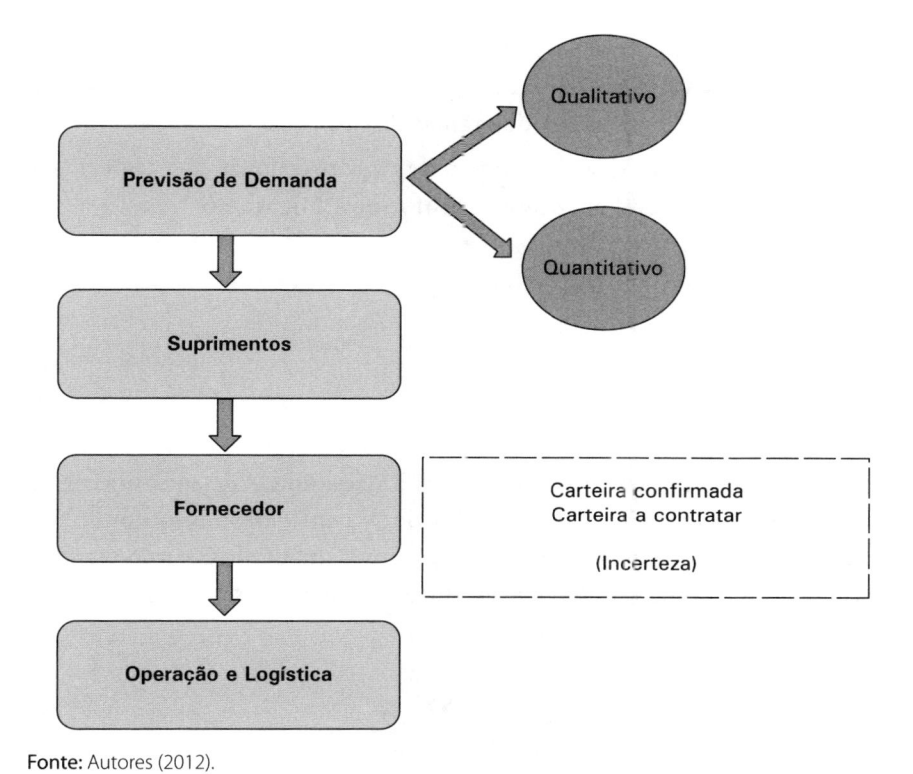

Figura 6.3 Aspectos centrais para a previsão de demanda.

Previsão de demanda e a regressão linear aplicada a estoque

A otimização de estoques passa por estimativas de cálculo que devem ser interpretadas e gerenciadas para o pleno atendimento das operações organizacionais. Todas as equações apresentadas são destinadas para a aplicação por item, respeitando-se o princípio da gestão por categoria de recursos.

Já sobre a técnica, o modelo de regressão linear relaciona uma variável dependente a outra variável independente. Nesse caso, para a gestão de operações, pode-se considerar como variável dependente "y" e como independente, "x". O modelo é considerado linear nos parâmetros que correlacionam "x" e "y".

A estimação do modelo geralmente é realizada pelo método dos mínimos quadrados ordinários, e os resultados obtidos por este algoritmo são ótimos, de acordo com o teorema da Gauss e Markov, segundo Santos (2000).

Os objetivos do modelo de regressão linear consistem em estudar as relações entre as variáveis indicadas e testá-las por meio das análises de cenários e com a utilização dos diagramas de dispersão.

Inicialmente, a adoção do modelo de regressão linear está associada à interpretação da variável explicativa, conforme a Equação 6.1.

$$Y = \beta_0 + \beta_1 \cdot x$$

Equação 6.1 Variável explicativa.

Para a utilização da Equação 6.1, há a necessidade de se conhecer os fatores da equação para estimar o valor de "y" em detrimento do de "x". Logo, deve-se empregar o método dos mínimos quadrados, sendo os valores calculados a soma das diferenças entre os valores observados e estimados pela regressão mínima.

$$b_1 = \frac{\sum x_i y_i - \dfrac{\sum x_i \sum y_i}{n}}{\sum x_i^2 - \dfrac{\left(\sum x_i\right)^2}{n}}$$

Equação 6.2 Valores observados.

$$b_0 = \bar{y} - b_1 \bar{x}$$

Equação 6.3 Valores observados.

Aplicação real para a regressão linear

Para este capítulo, assume-se que uma determinada organização aplica o modelo de regressão linear para ajustar os seus estoques para o ano de 2009, em relação à série histórica observada em 2008, para um produto hipotético em análise.

Na Tabela 6.1 é apresentada a série histórica anual de consumo de um produto hipotético. Posteriormente, a previsão de demanda é executada utilizando-se as equações apresentadas anteriormente para validar a metodologia proposta. Finalmente, utiliza-se o Excel como uma ferramenta dinâmica e útil para um processo de tomada de decisões operacionais.

Levantamento de dados

Período - 2010	Jan	Fev	Mar	Abr	Mai	Jun	Jul	Ago	Set	Out	Nov	Dez
Consumo	110	120	120	90	90	85	70	75	80	190	210	290

Fonte: Autores (2011).

Tabela 6.1 Série histórica em 2008.

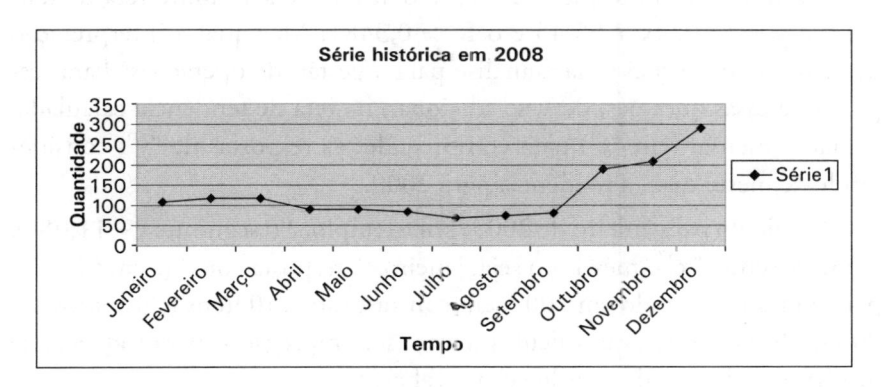

Fonte: Autores (2012).

Gráfico 6.1 Série histórica em 2008.

Tabela 6.2 Tabulação de dados em 2008.

Estatística				
xi (tempo)	yi (qt)	xy	x^	y^
1	110	110	1	12100
2	120	240	4	14400

continua

continuação

Estatística				
xi (tempo)	yi (qt)	xy	x^	y^
3	120	360	9	14400
4	90	360	16	8100
5	90	450	25	8100
6	85	510	36	7225
7	70	490	49	4900
8	75	600	64	5625
9	80	720	81	6400
10	190	1900	100	36100
11	210	2310	121	44100
12	290	3480	144	84100
78	**1530**	**11530**	**650**	**245550**

Fonte: Autores (2011).

Utilizando as Equações 6.2, 6.3 e 6.4, tem-se a seguinte reta de tendência: y = 11,084x + 55,45 e o R² = 0,3481. Mas qual a interpretação desse resultado? Qual seria a análise para a gestão de operações? Para responder a essas questões, deve-se adicionar, na reta de tendência calculada, a análise mensal (em "x") para compreender as respostas de "y", considerando-se, neste caso, a tendência para 2009.

O cálculo para janeiro de 2009, por exemplo, é o seguinte: y = 11,084x + 55,45, sendo "x" o mês 1, ou seja, janeiro. A resposta consiste em 67 itens para o mesmo período em 2009, em contraste aos 110 itens registrados em 2008. Observe que esses cálculos devem ser empregados para toda a série histórica analisada, de acordo com a Tabela 6.3.

Tabela 6.3 Tabela mestra calculada para 2008.

Estatística					
xi (tempo)	yi (qt)	xy	x^	y^	2009
1	110	110	1	12100	67
2	120	240	4	14400	78
3	120	360	9	14400	89
4	90	360	16	8100	100
5	90	450	25	8100	111

continua

continuação

Estatística					
xi (tempo)	yi (qt)	xy	x^	y^	2009
6	85	510	36	7225	122
7	70	490	49	4900	133
8	75	600	64	5625	144
9	80	720	81	6400	155
10	190	1900	100	36100	166
11	210	2310	121	44100	177
12	290	3480	144	84100	188
78	1530	11530	650	245550	

Fonte: Autores (2011).

De acordo com os dados acima, é possível avaliar que a tendência ajustada para 2009 é crescente, porém com variações em relação às quantidades percebidas para os períodos equivalentes de 2008.

Para facilitar o desenvolvimento destas previsões, sugere-se a utilização de sistemas especialistas, neste caso, planilhas Excel disponíveis em grande parte dos computadores da atualidade.

Utilizando o Excel

O emprego de planilhas do Excel é favorável para ganhos de agilidade e para garantir maior facilidade das operações de controle de estoques. O mesmo exercício proposto na seção anterior é executado neste item.

Tabela 6.4 Série histórica em 2008.

Período - 2008	Jan	Fev	Mar	Abr	Mai	Jun	Jul	Ago	Set	Out	Nov	Dez
Consumo	110	120	120	90	90	85	70	75	80	190	210	290

Fonte: Autores (2011).

No Excel, após a seleção da série histórica, deve-se solicitar o gráfico de linha para o desenvolvimento da reta de tendência, conforme a Figura 6.4.

Fonte: Autores (2012).

Figura 6.4 Gráfico de linha.

Conforme a Figura 6.4, a opção deve ser pelo gráfico de linha para a inserção da reta de tendência.

Fonte: Autores (2012).

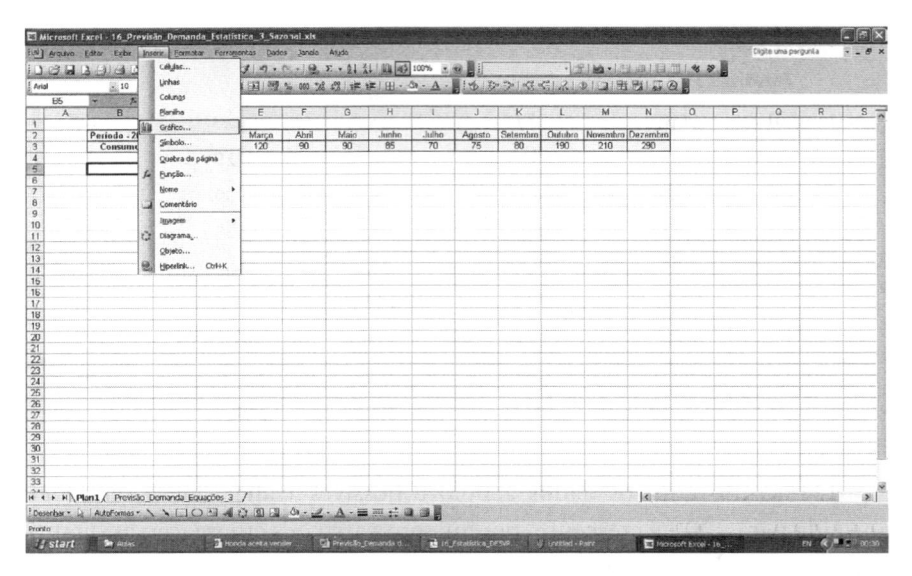

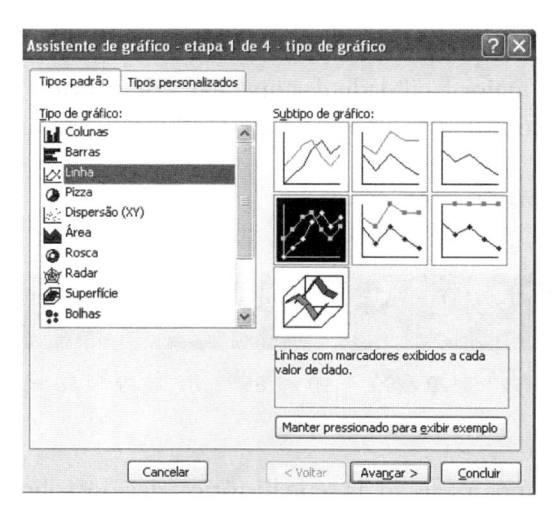

Figura 6.5 Tipo de gráfico.

Após a escolha do tipo de gráfico, os resultados devem ser analisados e, no mesmo gráfico gerado pelo Excel, solicita-se a reta de tendência. Para isso, basta selecionar a linha evolutiva de demanda/consumo com o botão direito do mouse e solicitar a reta de tendência, conforme o Gráfico 6.2.

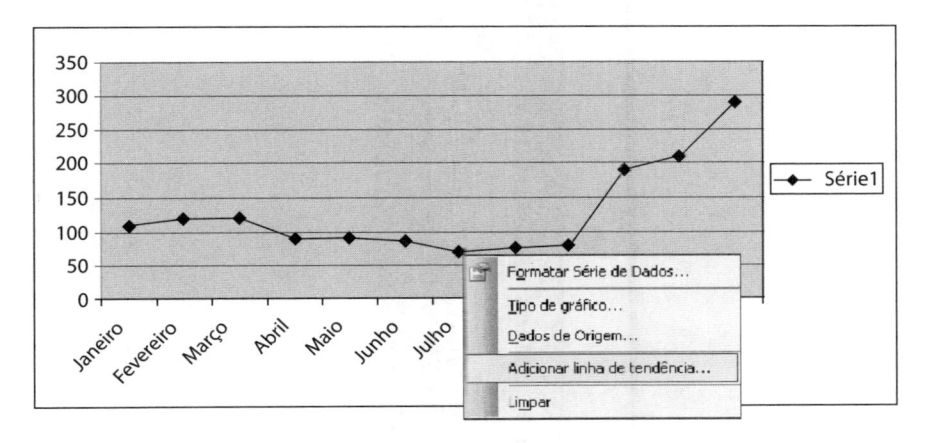

Fonte: Autores (2012).

Gráfico 6.2 Adicionar linha de tendência.

Em resposta à solicitação ao Excel, apresenta-se a reta de tendência, conforme o Gráfico 6.2, sendo que em alguns meses registra-se excesso ou falta de recursos, tendo como referência a tendência central para projeção dos níveis de recursos utilizados.

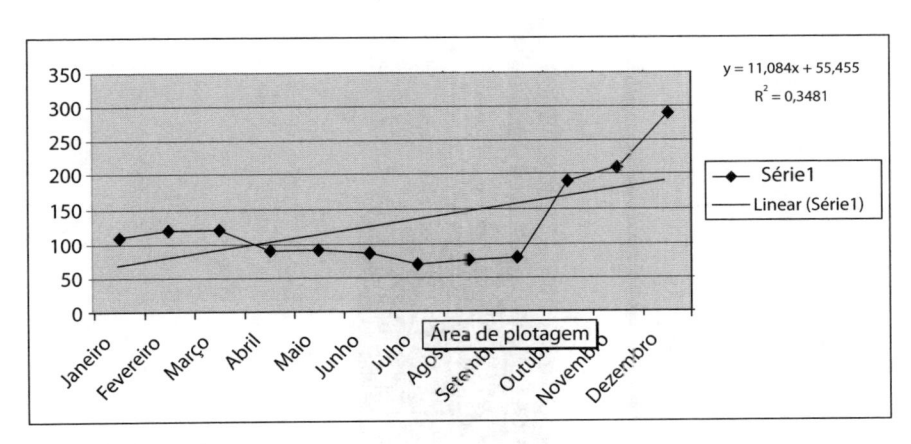

Fonte: Autores (2012).

Gráfico 6.3 Reta de tendência.

Observe que os valores calculados para 2009 estão ajustados, considerando-se o mesmo consumo anual, segundo a Tabela 6.5.

Tabela 6.5 Série histórica em 2009.

	Jan	Fev	Mar	Abr	Mai	Jun	Jul	Ago	Set	Out	Nov	Dez	CA
Período - 2008 (x)	1	2	3	4	5	6	7	8	9	10	11	12	
Consumo - 2008 (y)	110	120	120	90	90	85	70	75	80	190	210	290	1530
Tendência - 2009 (y)	66,53	77,62	88,70	99,79	110,87	121,95	133,04	144,12	155,21	166,29	177,37	188,46	1529,952

Fonte: Autores (2012).

Comprovam-se na Tabela 6.5 e por meio do Gráfico 6.4 os ajuste das tendências de estoques para 2009 sem as variações das quantidades observadas ao longo de 2008, o que pode ser observado na última coluna da Tabela 6.5 para o consumo anual (CA) dos períodos.

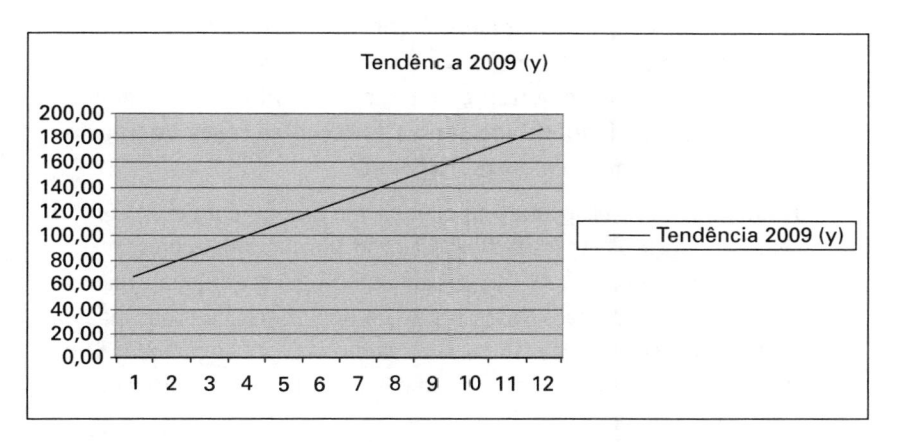

Tendência 2009 (y)

— Tendência 2009 (y)

Fonte: Autores (2012).

Gráfico 6.4 Reta de tendência ajustada.

O Gráfico 6.4 está ajustado, sem excessos ou falta de estoques. Nesse caso, a organização em estudo pode economizar seus recursos financeiros e evitar perdas, depreciações desnecessárias e prejuízos decorrentes de estoques não vendidos, em função do modelo proposto.

Conclusões e recomendações

Pode-se concluir que a adoção dos modelos estatísticos de regressão linear é fundamental para que as organizações obtenham resultados satisfatórios na tomada de decisão para as políticas de estocagem, evitando prejuízos, depreciação e possíveis prejuízos por vendas perdidas. Observa-se que esses modelos são determinísticos, devendo ser revisados com frequência para evitar falhas de planejamento nas operações.

Estudo de caso – Varejista

O setor varejista tem grande relevância para a economia nacional, destacando-se a sua conexão com as demandas consumidoras e o perfil dos clientes. No entanto, um dos grandes desafios desse segmento econômico está relacionado à correta previsão de demanda e à gestão de estoques, em função das sazonalidades do mercado. Historicamente, o segmento sofreu os reflexos das políticas econômicas, destacando-se o período inflacionário e as recentes crises internacionais que impactaram as compras no Brasil.

O estudo de caso proposto refere-se a uma grande empresa varejista brasileira com forte atuação na região Sul do Brasil e amplo crescimento das vendas nos últimos quatro anos, bem como uma acentuada expansão da sua rede de distribuição. No entanto, um dos principais problemas da empresa está no excesso de estoque e em como prever as demandas. Uma pergunta típica da diretoria executiva da empresa era: "ter ou não ter estoques, bem como prevê-los?".

Como parte de um projeto de melhorias na sua previsão de demanda, foi realizado um levantamento histórico de todas as vendas e estoques, relacionando-os por famílias de produtos, descrição, quantidade e preço. Um problema apresentado foi a confiabilidade das informações, uma vez que a prática recorrente era o inventário anual, não o rotativo. O passo seguinte adotado foi estabelecer uma política correta, iniciando-se pela adoção da curva ABC para priorização do inventário rotativo. A partir da confiabilidade das informações dos estoques reais, foi possível estimar as compras e demandas consumidoras.

O processo de previsão de demanda adotado envolvia a escolha das famílias de produto com maior giro e vendas significativas, utilizando-se para tanto os métodos de previsão de demanda da estatística, como o modelo linear proposto neste capítulo. No entanto, os modelos lineares não são satisfatórios e plenamente confiáveis para a gestão de estoques. A decisão tomada foi correlacionar os resultados dos modelos lineares à experiência qualitativa do setor comercial. Logo, foram realizados investimentos para a adoção de um sistema de gestão que compreendesse os resultados quantitativos e qualitativos para uma assertividade maior dos modelos de previsão.

Se no passado a dúvida e o erro para as compras, estoques e atendimento às demandas eram recorrentes, resultando em perdas financeiras, a partir dos modelos de previsão de demanda pôde-se perceber uma redução de riscos e aumento dos benefícios para o planejamento de curto e longo prazo.

Os resultados percebidos foram: (i) redução nos níveis de estoques, (ii) maior assertividade nos procedimentos de inventário, (iii) redução dos prejuízos financeiros, (iv) alinhamento organizacional, principalmente entre os setores comercial e de suprimentos, com vistas ao planejamento estratégico, e (v) benefícios quanto ao atendimento das demandas.

Conclui-se que a adoção dos modelos de previsão de demanda foi benéfica para a empresa, com resultados relevantes para ela e para a sua direção, desmistificando a imagem de que os modelos quantitativos são difíceis de ser aplicados, ainda mais casando-os com técnicas comerciais.

Exercícios propostos

1. É possível projetar o consumo e adequar os estoques para suprir prováveis demandas de mercado?
2. Os níveis de estoques podem ser revistos continuamente, evitando-se riscos de perdas, depreciação e até mesmo giro?
3. Há possibilidade de analisar as variáveis que compõem a gestão de estoque de forma a interpretar e gerenciar o pleno atendimento do mercado consumidor? Justifique sua resposta.

Adoção de modelos financeiros para a gestão de estoques

7

Objetivos do capítulo

- Entender os fundamentos da gestão integrada operacional e evidenciar a importância da adoção de modelos quantitativos e financeiros para a área de gestão de estoques.
- Demonstrar os ganhos de competitividade nas operações com níveis ótimos de recursos materiais para as organizações.
- Exemplificar, por meio de um caso hipotético, o uso e a aplicabilidade de modelos matemáticos de simples aderência ao ambiente organizacional.
- Desmistificar que o planejamento de demanda deva ser realizado apenas de maneira empírica e pela experiência dos profissionais com apoio em dados históricos, mas com a utilização de modelos quantitativos.
- Apresentar o estudo de caso das Usinas Caeté, como um modelo de gestão de estoques e finanças.

Você está no seguinte item em destaque, conforme o mapa mental proposto:

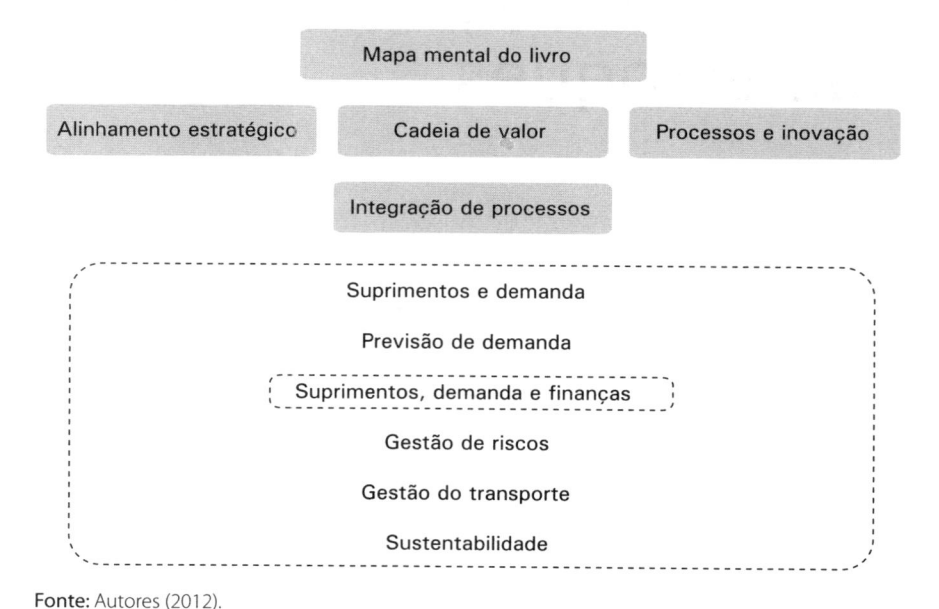

Fonte: Autores (2012).

Figura 7.1 Mapa mental do livro.

Perguntas provocadoras

- Qual a real necessidade do alinhamento entre suprimentos, demanda e finanças para as organizações?
- Qual seria o ganho advindo do alinhamento entre suprimentos, demanda e finanças, com foco nos processos da cadeia de valor?
- Da mesma forma que na questão acima proposta, quais os benefícios advindos do alinhamento entre suprimentos, demanda e finanças para a gestão da inovação?

Introdução

A importância de se gerir eficientemente os estoques de uma organização está diretamente relacionada à capacidade de pronta resposta às necessidades de consumo do mercado, adequando-se simultaneamente o nível de operação e os custos totais envolvidos.

Um dilema organizacional recorrente é o balanceamento entre o volume de estoques, a ponto de sustentar um nível de serviço eficiente, e a capacidade e disponibilidade de investimentos, visto que a todo material atrela-se o seu respectivo valor financeiro.

Portanto, garantir o giro de estoques representa transformar um produto em recursos financeiros por meio dos processos de venda. Por outro lado, o acúmulo indesejado desses recursos em estoques evidencia um problema para as organizações, pois, ao não concluírem seu ciclo normal, que seria a venda e a geração de receitas, permanecem parados em estoque, incorrendo em custos de manutenção, movimentação, depreciação e risco de perda.

Desta forma, esse acúmulo desnecessário de estoques configura-se um custo de oportunidade mal aproveitado pelas organizações, que poderiam usufruir dos recursos financeiros gastos com a geração desses mesmos estoques para financiar investimentos voltados diretamente para o *core business* da organização, seja ela direcionada para a produção, seja para a prestação de serviços.

Em vista da necessidade de ordenação e adequação dos estoques, os gestores responsáveis pela área operacional devem atentar para a eficiência nos modelos de gestão, de acordo com os seguintes critérios:

- Adequação do número de materiais estocados à capacidade de processamento, de movimentação e de giro de estoque desses recursos físicos.
- Seleção criteriosa dos fornecedores, tendo em vista a necessidade de certificar a credibilidade dos prazos, volume e qualidade das entregas.
- Estabelecer ainda, junto aos fornecedores, relações comerciais estáveis e contratuais de longo prazo para assegurar o fornecimento dos insumos necessários.
- Avaliar constantemente as previsões de demanda por meio de análises de mercado e da adoção de modelos quantitativos aplicados para a gestão de estoques.

O que se verifica atualmente é um mercado de bens e serviços dotado de notório dinamismo e formado por uma série de agentes envolvidos em todas as etapas do processo, o que tem tornado o gerenciamento operacional uma tarefa complexa.

Em função da crescente complexidade das relações de mercado, o uso de métodos quantitativos, aplicados de forma sistêmica para as operações organizacionais, é um passo necessário para a melhoria da gestão de estoques, em detrimento da aplicação de métodos qualitativos baseados na experiência prática. Esse empirismo utilizado na tomada de decisão vem perdendo força, pois demonstra ineficiência diante do dinamismo e do volume de relações comerciais estabelecidas na economia atual.

A busca por melhores índices de eficiência de estoques é, portanto, uma tarefa crucial no mercado moderno, com implicações na sustentabilidade competitiva das organizações, servindo como uma ponte para o equilíbrio entre o nível de operações e finanças.

Previsão de demanda e a gestão de estoques

As previsões acerca da quantidade de produtos que os consumidores finais demandarão no mercado é uma questão fundamental para a construção de todo o planejamento empresarial, justificando, por sua vez, o grande esforço empregado pelas organizações no desenvolvimento de métodos de previsão mais eficientes.

Para os métodos de controle de estoques, a projeção de vendas a partir da base de dados histórica ainda é a técnica mais utilizada pelas organizações empresariais. Apesar da aparente simplicidade dessa técnica, cabe, neste ponto, uma consideração. Assim como no mercado financeiro rendimentos passados não são garantias de rendimentos futuros, demandas passadas (quando analisadas isoladamente) não implicam certezas absolutas para o futuro. Entretanto, esses históricos de movimentação de estoques formam uma base de sustentação para a tomada de decisão futura.

Para dar mais solidez a esses conceitos, é preciso ainda complementá-los com outros fundamentos ligados à observação da realidade do ambiente externo à organização, podendo-se destacar análises de mercado, com a avaliação de fornecedores atuais, potenciais e sobre as demandas de mercado para os produtos e materiais de gênero semelhante. A estabilidade política, a inflação e outras variáveis macroeconômicas também devem ser incorporadas a essa análise para aprimorar a eficiência do modelo.

Com isso em vista, fica claro como a previsão da demanda é parte indispensável das atividades de planejamento e controle de uma organização. Porém, esse é apenas um ponto quando observamos as organizações separadamente. No mercado atual, as empresas não se encontram isoladas, operando de forma interligada em seus modelos de negócio.

Para que as organizações continuem a operar de forma viável no mercado ao longo dos anos, elas necessitam desenvolver uma infraestrutura de rede às suas operações, especializando-se em processos ou atividades distintas.

Desta forma, foram se desenvolvendo cadeias de valor cada vez mais complexas, que ligam fornecedores, organizações e as demandas consumidoras. Assim, prever a demanda por um recurso material tornou-se uma etapa de um processo de planejamento mais amplo: a gestão estratégica operacional e com foco em processos inovadores.

Coordenar o atendimento de possíveis demandas passou então a levar em consideração questões como: o que deve ser comprado e em qual quantidade? Quando ressuprir o estoque e qual o tempo de ressuprimento envolvido? Quais os níveis ideais de estoque? Como economizar nas compras, minimizando os custos de armazenagem?

Tais questões são uma constante na realidade das organizações de todo o mundo. Para entendê-las melhor, é preciso compreender como se desenvolvem as relações na cadeia de valor.

Gestão colaborativa e a integração na cadeia de valor

Observar a realidade do mercado atual nos remete, necessariamente, ao reconhecimento de estruturas complexas da cadeia de valor integrada e a como o gerenciamento dessas cadeias tem evoluído e incorporado uma séria de agentes envolvidos nos processos de produção e prestação de serviços.

Conforme Simchi-Levi (2003), a definição para a cadeia de valor é de um conjunto de abordagens integradas de forma eficiente, compreendendo a escolha de fornecedores, processos e clientes, a fim de que o produto ou serviço seja disponibilizado na quantidade necessária, para a localização certa e no prazo exato. Deve ser promovida a minimização dos custos globais incorridos do sistema, ao mesmo tempo em que se alcança um nível de serviço satisfatório.

Estruturar o controle e o planejamento dessa cadeia de valor é mais do que a soma das gestões independentes de cada processo, confirmando a ideia de que o somatório dos ótimos processos não corresponde a um ótimo global.

Essa afirmação, oriunda da resolução de problemas organizacionais em geral, faz transparecer a ideia básica de que uma solução local ótima, que talvez seja a mais eficiente para um agente isolado, pode não corresponder à solução ótima global quando inserida no contexto de todo o sistema.

Da mesma forma, gestões independentes podem ser eficientes para fornecedores quando analisadas separadamente, mas, quando incorporadas à cadeia de valor (e ao contexto do ambiente sistêmico), podem se configurar em modelos de gestão ineficientes devido às interações estabelecidas entre processos.

Esse problema é apenas uma variação do conceito de *trade-off* sobre o dimensionamento da produção entre as áreas de marketing, produção e vendas, estendido agora para um contexto maior da cadeia de valor.

Logo, sendo a ênfase da eficiência de gestão dessa cadeia de valor voltada para a minimização dos custos totais incorridos em todo o sistema, se faz necessária uma abordagem sistêmica para toda a gestão, uma vez que é indispensável considerar as inúmeras interações que se estabelecem entre os componentes e as suas decisões sobre a política de estoque utilizada.

Nesse sentido, compreender a previsão de demanda como um processo integrado é enxergar um sistema mais amplo, que se inicia na capacidade de estimar os tempos de ressuprimento dos fornecedores, perpassando os tempos de entrega e movimentação desses recursos até sua disponibilização para o processamento e posterior distribuição, interligando cada componente da cadeia de valor.

Essa forma de gestão consiste em planejar toda a cadeia de valor, sendo os modelos colaborativos um avanço para a gestão de estoques por considerarem a previsão de demanda, em conjunto com análises de mercado, modelos estratégicos e avaliações de estoque e finanças.

Assim, gerir de forma integrada essa cadeia é administrar suas inter-relações, incorporando ao planejamento e ao controle de cada componente as características referentes ao fluxo de informação e de recursos.

Para a administração do fluxo de materiais, deve-se entender que o gerenciamento de estoques visa, por meio de métodos quantitativos aplicados, balancear a capacidade de processamento das organizações e o atendimento às expectativas de venda com a máxima eficiência, redução de custos e tempo de movimentação e distribuição. Busca-se, paralelamente, maximizar a eficiência do uso do capital investido, no intuito de alcançar retornos satisfatórios sobre o investimento realizado.

Consequentemente, os estoques não podem ser planejados para operar com excesso de recursos ou materiais ociosos devido à sua representatividade financeira e aos custos de oportunidades que incorrem de cada decisão gerencial.

Assim, na busca de se atingir competitividade no mercado, a redução dos custos globais do sistema representa uma abordagem conjunta de relevância, uma vez que os custos envolvidos na cadeia de processos abragem custos de aquisição de material, transporte e movimentação, produção, estocagem e distribuição.

Como se, por si só, já não fosse uma tarefa complexa gerir os recursos físicos em estoque de toda essa cadeia de valor, é preciso ainda administrá-los também do ponto de vista financeiro, uma vez que se considera estoque qualquer recurso físico que tenha atrelado a si valores financeiros e atributos fiscais.

Percebe-se então que a abordagem sobre as áreas de estoques envolve, necessariamente, considerações do ponto de vista de custos envolvidos e, portanto, de finanças.

Assim, é de grande importância administrar materiais por meio de abordagens que permitam uma visão dos estoques como recursos físicos do processo produtivo, mas também como ativos financeiros da empresa que, se não empregados de forma eficiente, podem incorrer em custos sem que haja sua posterior transformação em receita.

Em função disso, os modelos quantitativos aplicados para a gestão de estoques e materiais devem levar em conta esses três aspectos abordados até então como variáveis: previsão de vendas, características próprias da cadeia de valor (como tempo de ressuprimento dos fornecedores e capacidade de movimentação e armazenagem dos depósitos) e, finalmente, análises financeiras envolvendo estoque e opções de pedidos de compra e desembolso de caixa.

Abrangendo esses pontos é possível lançar mão de modelos quantitativos para sustentar as decisões gerenciais quanto ao nivelamento dos estoques, paralelamente à redução dos custos incorridos, agregando valor aos produtos e processos devido ao melhor desempenho operacional e financeiro da organização.

Adicionando valor às operações e o custo financeiro dos estoques

A realidade vivida, tanto pelo lado dos mercados quanto da própria economia global, tem revelado um importante aspecto, aparentemente relegado ao segundo plano nas decisões gerenciais: a necessidade de planejamento integrado e de longo prazo.

A crise de crédito oriunda dos Estados Unidos em 2008 fez emergir duas questões centrais para compreender melhor os efeitos de uma estratégia de longo prazo.

Redução de juros: nos Estados Unidos, a redução dos juros pelo então presidente do Federal Reserve (FED), o economista Alan Greespan, tinha como objetivo estimular o consumo das famílias e, assim, o crescimento da economia. Essa medida, porém, se mostrou uma armadilha, com consequências como a redução das taxas de poupança, o endividamento das famílias e o aumento da inadimplência, comprometendo o setor imobiliário.

Prejuízos no Brasil: a deflagração dessa crise salientou os problemas incorridos nas negociações com derivativos no mercado financeiro. Empresas registraram prejuízos de bilhões de reais devido às operações no mercado cambial.

Esses fatos salientam como a tomada de decisão na busca de resultados eficientes no curto prazo pode comprometer seriamente a sustentabilidade de um modelo de gestão. Mais ainda, o *trade-off* entre o planejamento de curto e de longo prazo é um fator essencial a ser considerado por todos os modelos de gestão, do mercado financeiro às organizações que integram as cadeias produtivas em geral.

Nesse sentido, gerir a área de materiais implica, necessariamente, reconhecer que estoques representam materiais no aguardo para serem processados ou distribuídos no curto prazo, mas também recursos financeiros que são desembolsados pela organização e que têm um valor futuro e um custo de oportunidade no longo prazo.

Adicionar valor às operações de gestão de estoque é possível, então, quando se consegue estabelecer níveis de estoques que sustentem a demanda, despendendo-se a quantidade mínima necessária de material armazenado e disponibilizando-se recursos físicos e financeiros para a empresa utilizar em suas atividades-fins e na geração de caixa.

O atendimento ao cliente em tempo hábil, dentro do prazo estipulado e despendendo a quantidade mínima de recursos em estoque para o atendimento, garante à empresa receita e clientes satisfeitos, de um lado, e redução dos custos e disponibilização de capital para novos investimentos de outro. Esse é o fundamento central da geração de valor para as organizações.

Reconhecendo que fornecedores, fábricas e depósitos se relacionam como clientes, é possível estender essa geração de valor em cadeia com a busca de eficiência global.

Para Brealey (2005), as decisões que um gestor da produção ou de serviços deve tomar acerca dos níveis de material em estoque são similares às decisões de administradores financeiros quanto ao fluxo de caixa, devido à questão da liquidez. Assim como empresas necessitam manter em caixa quantias consideráveis na forma de capital de giro para sustentar suas atividades (liquidez de caixa), gerentes de produção devem manter níveis de material em estoque no intuito de evitar que imprevistos venham a comprometer os processos de produção e venda.

Segundo o mesmo autor, trata-se, na verdade, de um mesmo *trade-off*, já que os gerentes de produção não são obrigados a manter estoques de materiais, porém, caso optassem pela compra diária de material, conforme necessário para produção, pagariam mais caro por lotes menores do material no mercado, além de arriscarem a cadeia de produção com atrasos caso o material não fosse entregue em tempo hábil. Por isso, opta-se pela estocagem acima das necessidades imediatas da organização.

Como toda opção dentro das organizações incorre em custos, existe um custo pela ação direta de se manter estoques. Esses custos englobam armazenagem, movimentação, mão de obra dos funcionários, equipamentos de apoio (paletes, empilhadeiras, estanterias, entre outros), possíveis estragos e desvios, depreciação e um importante fator, que são os juros perdidos pelo estoque parado, que poderiam ser revertidos em aplicações financeiras.

Nesse ponto, as análises de contabilidade gerencial de Atkinson et al. (1999) são relevantes para compreender melhor a dimensão de estoque como dinheiro e, portanto, valor no tempo.

Para os referidos autores, o dinheiro tem um custo, da mesma forma que todas as outras *commodities*, porém o custo de se usar o dinheiro não corresponde apenas ao seu desembolso, como o custo de compra de insumos ou pagamentos salariais. Segundo os autores, o custo de usar dinheiro é a oportunidade perdida pela impossibilidade de investir o mesmo dinheiro em uma alternativa de investimento.

Dois conceitos emergem dessas ideias, sendo eles:

Valor do dinheiro no tempo: advindo dos princípios de orçamento de capital, enuncia que o dinheiro pode ter um retorno, mas este é dependente do período de tempo transcorrido até seu recebimento efetivo.

Custo de oportunidade: quantia de lucro potencial perdida quando a oportunidade proporcionada por uma alternativa é sacrificada pela escolha de uma alternativa concorrente.

Desta forma, gestores devem procurar alcançar um equilíbrio sensível entre os custos de se manter um determinado nível de estoque que garanta a liquidez (entendida então como a segurança de continuidade) da produção e distribuição dos produtos no mercado consumidor e os custos de oportunidades que incidem quando recurso financeiro é alocado em materiais a serem estocados.

Encontrar tal equilíbrio dinâmico e característico de cada empresa e organização é fundamental para evitar dispêndios desnecessários e garantir a longevidade do modelo de gestão.

Métodos quantitativos aplicados

A impossibilidade de conhecer exatamente a demanda futura e a insegurança quanto à disponibilidade de suprimentos e insumos no mercado fazem com que a estocagem de materiais seja uma opção necessária para os gestores.

Porém, esse nível de material armazenado deve ser determinado a ponto de cobrir eventuais falhas e atrasos nos tempos de suprimento e variações/incertezas de demanda. Como vimos, essa armazenagem incorre em custos para a organização que devem ser minimizados, administrando-se estoques de segurança.

Minimizando-se os custos totais incorridos, recursos físicos e financeiros podem ser disponibilizados para que a organização invista em suas atividades diretamente ligadas à linha de atuação, seja ela produção de bens, seja prestação de serviços, seja uma confluência de ambos.

Desta forma, fica clara a necessidade de adoção de medidas que possibilitem uma gestão mais eficiente da área de materiais, o que implica uma adequação de uso tanto de recursos físicos quanto financeiros, uma vez que atrela-se valor monetário aos estoques e sobre eles incorrem custos de oportunidades.

A aplicação da modelagem matemática para a gestão de materiais visa calcular os níveis eficientes de estoque em função de características do próprio material, de sua capacidade de suprimento e da demanda de mercado. Paralelamente, é possível ainda calcular as quantidades dos pedidos de compra de maneira a minimizar os custos de pedido e de armazenagem, integrando-se cálculos matemáticos a análises financeiras.

Por intermédio desses métodos, é possível ainda determinar qual a quantidade a ser comercializada de um determinado produto, de modo que a receita total da venda desse produto se iguale aos seus custos totais de processamento. Ou seja, neste ponto, conhecido como Quantidade no Ponto de Equilíbrio (Q_{PE}), a receita se iguala ao somatório do custo fixo e do custo variável total do referido produto. A aplicação desses métodos está estruturada no estudo de caso apresentado no item a seguir.

Estudo de caso

A empresa "Hipotética" é uma organização que comercializa peças e acessórios para veículos automotivos nacionais e importados e que, para atender o mercado, administra um estoque de médio porte de seus produtos. A empresa tem verificado em seus balanços contábeis o aumento dos níveis de estoques e, consequentemente, dos custos de armazenagem.

Objetivando aprimorar a eficiência dos processos de compra e de desembolso de caixa, a empresa instaurou uma força-tarefa para analisar a gestão de materiais. O presente estudo de caso compreende a análise de um único recurso material para servir como modelo para os demais itens da empresa. Esse produto será identificado como produto "A". Os dados sobre sua demanda e outras informações sobre ele e a empresa se encontram especificados abaixo.

Tabela 7.1 Dados do produto "A" e demanda em 2008.

Período	Consumo	Período	Consumo
Jan	80	Jul	127
Fev	115	Ago	77
Mar	91	Set	68
Abr	79	Out	62
Mai	69	Nov	71
Jun	96	Dez	94
Consumo anual do produto		1029 SKUs	
Custo de armazenagem por produto		R$ 0,50	
Custo unitário do pedido de compra		R$ 150,00	
Preço unitário do produto		R$ 75,00	
Custo variável do produto		R$ 45,00	
Custo fixo		R$ 25.000,00	
Política de lote de compra		125 SKUs	

Fonte: Autores (2012).

De acordo com os dados da Tabela 7.1, é possível aplicar os modelos quantitativos para calcular qual o ponto de equilíbrio para a comercialização do produto "A" e, mais ainda, quais as quantidades ótimas, de forma a reduzir os custos incorridos nos processos de compra e armazenagem dos produtos.

A quantidade no ponto de equilíbrio – Q_{PE}

Calcular a quantidade no ponto de equilíbrio para o produto "A" significa avaliar a partir de que ponto (quantidade) as vendas do referido produto cobrem seus custos totais, de modo que a organização passe a registrar lucro sobre a comercialização deste produto. A modelagem matemática usada é:

$Q_{PE} =$

Em que:
CF = somatório dos custos fixos de processamento do produto ou serviço;
P = preço de venda do produto ou serviço;
CV = custos variáveis do produto ou serviço.

Fonte: Autores (2001).

Realizados esses cálculos, chega-se ao resultado de 834 unidades. Isso representa que, mantidas inalteradas as variáveis custo fixo, preço de venda e custos variáveis, a empresa continuará operando com lucro enquanto comercializar pelo menos 834 unidades do produto "A" ao ano. Esse resultado pode ser visualizado a partir da análise do Gráfico 7.1.

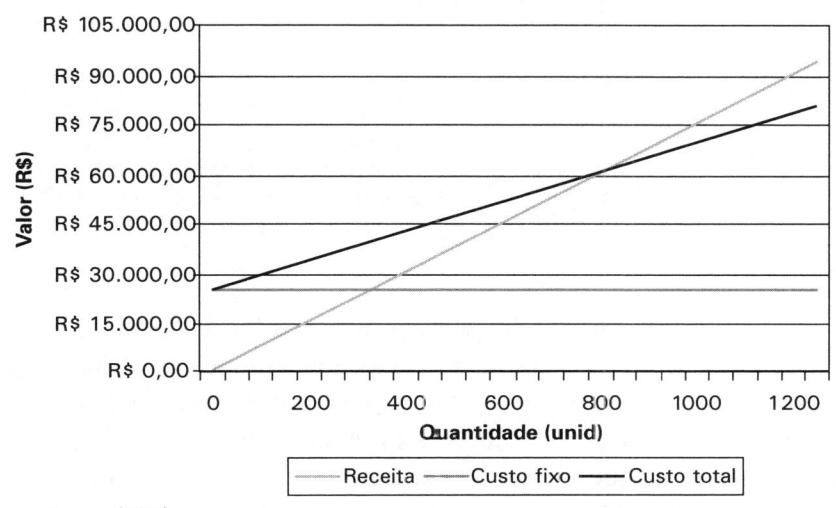

Fonte: Autores (2012).

Gráfico 7.1 Ponto de equilíbrio para o produto "A".

Tabela 7.2 Lucro e prejuízo em função da demanda do produto "A".

Demanda	Receita	Custo total	Lucro/prejuízo
600	R$ 45.000,00	R$ 52.000,00	-R$ 7.000,00
800	R$ 60.000,00	R$ 61.000,00	-R$ 1.000,00
834	**R$ 62.550,00**	**R$ 62.530,00**	**R$ 20,00**
1000	R$ 75.000,00	R$ 70.000,00	R$ 5.000,00
1200	R$ 90.000,00	R$ 79.000,00	R$ 11.000,00

Fonte: Autores (2012).

Otimizando as compras pelo lote econômico de compras – LEC

O gestor da área de materiais da empresa "Hipotética" vinha adotando uma política de lotes de compra de 125 unidades para o produto "A". Em função do aumento no nível de estoque desse produto e, consequentemente, dos custos de armazenagem, a empresa decidiu rever suas políticas de compra a fim de estabilizar os estoques e realizar uma gestão de caixa mais eficiente, evitando dispêndio desnecessário de recursos financeiros. A modelagem utilizada para este cálculo é:

$$LEC = \sqrt{\frac{2*CA*CC}{CPA*PU}}$$

Em que:
CA = consumo anual em quantidades;
CC = consumo unitário do pedido de compra;
CPA = custo do produto armazenado;
PU = preço unitário do material

Fonte: VIANA (2002).

Realizando simulações dinâmicas com o auxílio do Excel, é possível estimar quais os custos de estocagem (custo de armazenagem do estoque médio), os custos dos pedidos de compras em função do número anual de pedidos e o somatório desses dois custos. Assim, feitos os cálculos, chega-se à conclusão de que o dimensionamento ideal para os lotes de compra deveria ser de 91 unidades, sendo feitos, então, 12 pedidos de compras anuais. O gráfico 7.2 que representa os custos incorridos, juntamente com a Tabela 7.3 comparativa de políticas de lotes de compra, conforme abaixo.

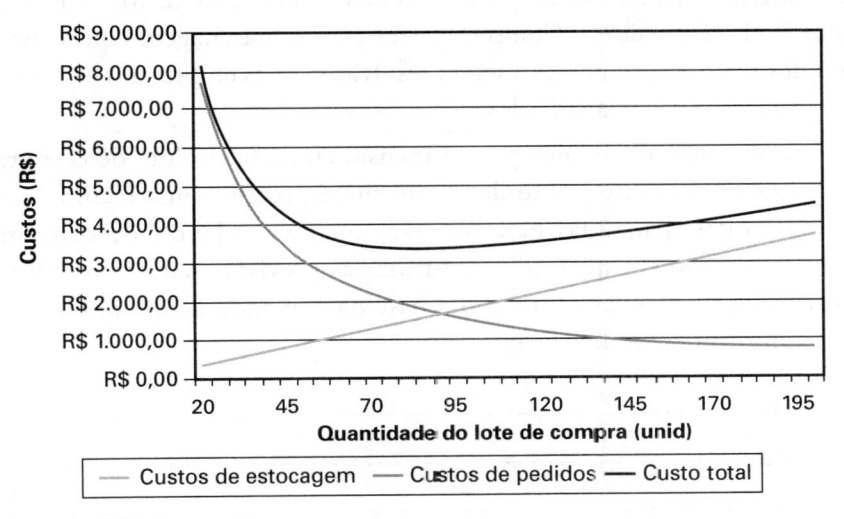

Gráfico 7.2 Gráfico do ponto de equilíbrio para o produto "A".

Fonte: Autores (2012).

Tabela 7.3 Custos das políticas de compra por tamanho de lote.

Tamanho do lote	50 SKUs	75 SKUs	91 SKUs	100 SKUs	125 SKUs	150 SKUs
Número de pedidos anuais	20,58	13,72	11,31	10,29	8,23	6,86
Valor do estoque médio	R$ 1.875,00	R$ 2.812,50	**R$ 3.412,50**	R$ 3.750,00	R$ 4.687,50	R$ 5.625,00
Custo de estocagem	R$ 937,50	R$ 1.406,25	**R$ 1.706,25**	R$ 1.875,00	R$ 2.343,75	R$ 2.812,50
Custo de pedidos	R$ 3.087,00	R$ 2.058,00	**R$ 1.696,15**	R$ 1.543,50	R$ 1.234,80	R$ 1.029,00
Custo total	R$ 4.024,50	R$ 3.464,25	**R$ 3.402,40**	R$ 3.418,50	R$ 3.578,55	R$ 3.841,50

Fonte: Autores (2012).

Observando os dados obtidos, podemos perceber que, embora a adoção da política de compra de lotes de 125 unidades feita pelo gestor de materiais incorra em custos de pedidos menores, os custos de estocagem ainda são maiores. Como os gastos com armazenagem representam um dos maiores problemas a serem resolvidos pelas empresas, eles devem ser prioritariamente analisados.

Realizados os cálculos para dimensionamento do lote de compras e de identificação do ponto de equilíbrio, é preciso ainda realizar uma avaliação das demandas para observar qual a tendência de consumo para o produto em questão e estruturar as previsões para os próximos horizontes de planejamento. Com base na demanda de 2008, observa-se, conforme o Gráfico 7.3:

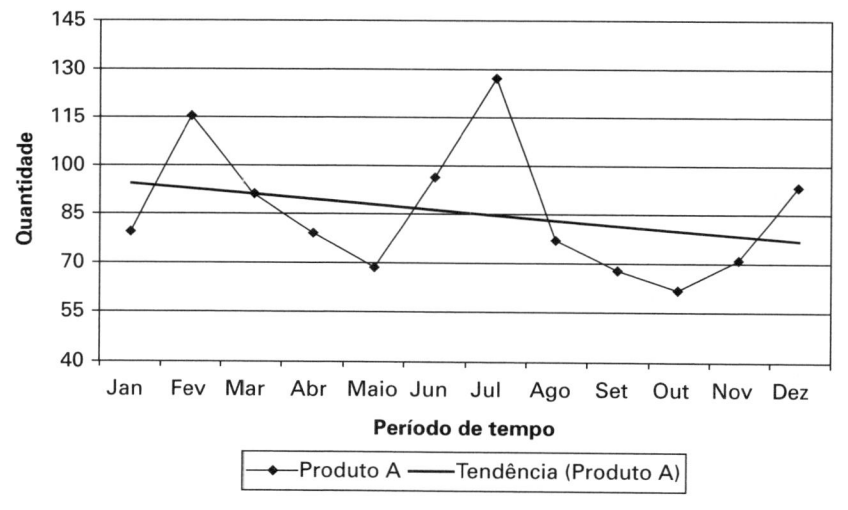

Fonte: Autores (2012).

Gráfico 7.3 Demanda do produto "A" para 2012.

Assim, a tendência verificada ao longo do ano de 2011 é de redução da demanda pelo produto "A". Consequentemente, o planejamento para as compras de ressuprimento do estoque desse produto para os próximos períodos deve ser calculado levando-se em conta a retração da demanda.

Desta forma, associando os cálculos para o dimensionamento do lote de compra à tendência de demanda do produto "A", pode-se estimar quais seriam os custos envolvidos quando a demanda planejada tende a diminuir no tempo, com a possibilidade de se encerrar o próximo ano abaixo das 1029 unidades demandadas em 2011.

Tabela 7.4 Previsão de demanda em queda e custos envolvidos nas compras.

Nº pedidos anuais	Lote de compra	Estoque médio	Custo do estoque	Custo do pedido	Custo total	Demanda
11	88	R$ 3.300,00	R$ 1.650,00	R$ 1.650,00	R$ 3.300,00	968
11	89	R$ 3.337,50	R$ 1.668,75	R$ 1.650,00	R$ 3.318,75	979
11	90	R$ 3.375,00	R$ 1.687,50	R$ 1.650,00	R$ 3.337,50	990
11	91	R$ 3.412,50	R$ 1.706,25	R$ 1.650,00	R$ 3.356,25	1001
11	92	R$ 3.450,00	R$ 1.725,00	R$ 1.650,00	R$ 3.375,00	1012
12	85	R$ 3.187,50	R$ 1.593,75	R$ 1.800,00	R$ 3.393,75	1020

Fonte: Autores (2011).

Feito isso, é preciso agora analisar o desembolso de caixa em função dos cálculos de lote de compra eficiente e das previsões do cenário de demanda para o ano seguinte. Escolhendo-se como um cenário possível a quantidade de 1012 unidades para a demanda futura do produto "A", estimam-se os desembolsos feito pela empresa conforme os dados abaixo:

Tabela 7.5 Previsão de demanda em queda e custos envolvidos nas compras.

	Política adotada	Cenário possível
Lote de compra (SKUs)	125	92
Número de pedidos anuais (SKUs)	9	11
Preço unitário (R$)	R$ 75,00	R$ 75,00
Valor presente da compra (R$)	R$ 84.375,00	R$ 75.900,00

continua

continuação

	Política adotada	Cenário possível
Número de períodos para pagamento (meses)	9	9
Taxa de juros dos fornecedores (% a.m.)	3,00%	3,00%
Valor dos pagamentos mensais (R$)	**(10.836,61)**	**(9.748,13)**
Valor futuro da compra (R$)	**(110.090,24)**	**(99.032,28)**

Fonte: Autores (2011).

Desta forma, considerando que a compra para o ano de 2012 será feita no mês de março e a empresa "Hipotética" terá nove meses para realizar o pagamento a uma taxa de 3% a.m. praticada pelos fornecedores, os valores calculados acima demonstram que a adoção do modelo de compra eficiente estimado para o ano seguinte é a opção mais viável.

Isso se confirma tanto do ponto de vista da manutenção dos recursos físicos em estoques (já que os estoques serão ressupridos mais vezes ao ano e em quantidades menores, reduzindo os custos de armazenagem) quanto do ponto de vista financeiro, já que o desembolso de caixa para o pagamento das parcelas mensais será menor: aproximadamente R$ 1.088,00 a menos a serem desembolsados por mês.

Assim, mostra-se que a empresa "Hipotética" deve alterar sua política de administração de materiais, adotando os métodos quantitativos expostos para adequar sua gestão de estoque e de caixa a níveis de maior eficiência quanto à utilização de seus recursos físicos e financeiros.

Conclusões do caso hipotético

Observa-se que, por meio da análise do estudo de caso, a decisão correta da administração de estoques traz implicações para toda a gestão física e financeira das organizações.

A partir da adoção de métodos aplicados para previsão de demanda, gestão de estoques e materiais, é possível determinar os níveis ideais de estoque a serem mantidos, a fim de se reduzirem sistemicamente os custos envolvidos com a compra e a armazenagem dos materiais.

Assim, as compras para manutenção e ressuprimento de estoques são baseadas no dimensionamento dos lotes de mercadorias, que, por sua vez, representam recursos financeiros a serem desembolsados pela empresa. Desse modo, a análise de materiais está, necessariamente, atrelada à análise de custos e ao desembolso financeiro, a fim de se alcançar uma solução otimizada para todos esses aspectos abordados: materiais, custos e finanças.

Sendo assim, deve-se atentar constantemente para o uso desses modelos, pois, segundo a dinâmica do mercado atual, as empresas são cobradas por níveis cada vez mais satisfatórios de gestão, e isso envolve, necessariamente, o aprimoramento na gestão de custos, tempo e qualidade.

O fortalecimento do planejamento integrado dentro da cadeia de suprimentos, nesse sentido, busca veementemente alcançar níveis de garantia cada vez maiores para o fornecimento de materiais e produtos na quantidade necessária, no menor tempo e no lugar certo. Isso acarreta, consequentemente, em um nível de operação sustentável e lucrativo para as empresas. O reconhecimento e fortalecimento dessa estrutura integrada em rede e o uso dos métodos quantitativos aplicados para a gestão de materiais são os primeiros passos na conquista de um modelo de gestão eficiente e do sucesso da empresa no mercado.

Estudo de caso – Usinas Caeté

Primeiro, a usina produtora de açúcar e álcool foi do Nordeste para o Sudeste. Daí, para o Brasil e para o mundo. Hoje, exporta a maior parte da sua produção, sem deixar de abastecer e dar importância ao mercado interno, e fatura 1 bilhão e 400 milhões de reais por ano*. Destaca-se que, para todo esse sucesso, busca-se a integração de todas as operações da usina, principalmente em relação à gestão organizacional e à logística.

Em 1996, quando a Usina Caeté Unidade Volta Grande iniciou suas operações, em Minas Gerais, a primeira moagem de cana foi de 400 mil toneladas. Em 2010, somente a Unidade Volta Grande respondeu por uma produção de 5 milhões e 300 mil toneladas. Além dessa, são mais seis unidades: Usina Caeté, em São José dos Campos/SP, unidade Cachoeira, em Maceió/AL, e unidade Marituba, em Igreja Nova/AL, unidade Delta, no município de Delta/MG, unidade Pauliceia/SP e usina Conquista de Minas/MG.

Com uma das maiores produções do país e um crescimento anual consolidado, a empresa vive, atualmente, a transição de uma gestão familiar para a gestão profissionalizada, destacando-se a busca pela consolidação da área de logística. Com isso, busca melhorar ainda mais o desempenho, reduzir custos, aumentar os indicadores financeiros, valorizar as ações no mercado e atrair mais capital externo.

A empresa tem foco tanto no mercado externo quanto no interno, com o maior volume destinado ao exterior. No caso do açúcar, a maior parte da produção sai para exportação. O açúcar do tipo VHP é um produto mais bruto, vendido como matéria-prima para outros países, nos quais será refinado e só então se tornará um produto comercializável. Já o mercado interno recebe o produto acabado, refinado e pronto para o consumo, comercializado em fardos de dois ou cinco quilos. Para isso, a empresa precisa de um alto padrão de qualidade, já que o açúcar sai da usina e vai para a mesa do consumidor. Isso torna o investimento no mercado interno uma aposta alta da Usina Caeté, visando ao crescimento do consumo no país, especialmente porque as outras empresas não estão tão voltadas para esse mercado por conta da exigência de padrão de qualidade.

A produção de etanol atende ao mercado interno sob a forma de dois produtos, o anidro, um álcool mais puro, usado na mistura com a gasolina, e o etanol hidratado, mais carburante, para uso automobilístico. A comercialização do etanol é feita somente para distribuidores, sendo que os maiores players do mercado de combustível do Brasil são clientes da Usina, como Ipiranga e BR.

Dividida entre a produção do açúcar e do etanol, a logística é um dos fatores de maior importância no dia a dia fabril, especialmente no que tange ao transporte, estoques e previsão de demanda, desde a entrada dos insumos quanto na entrega dos produtos finais. Estima-se que só o transporte da entrega de produto corresponda a cerca de 70% dos custos de logística. Por isso, a Usina Caeté aposta na ferrovia como meio de escoamento da sua produção. Apesar de não contar ainda com uma infraestrutura adequada, o transporte ferroviário continua sendo quase 15% mais barato do que o transporte rodoviário. Isso porque a empresa fez parcerias importantes com a FCA, da Vale, e com a ALL.

No entanto, com o seu foco maior em exportação e tendo Santos como porta de saída do país, a empresa precisa buscar outros canais de entrega, apesar de os custos não serem tão vantajosos. Prevê-se que o porto em breve estará saturado e será necessário utilizar novos caminhos para escoar a produção para fora do Brasil.

Uma das saídas encontradas pela Usina Caeté para a cara logística de transporte é o trabalho em parceria com seus clientes e fornecedores. Trazer o comprador e o fornecedor para dentro da problemática do transporte faz não só com que eles entendam as dificuldades e ajudem a buscar soluções, como valoriza os insumos trazidos e barateia o produto final. Os clientes do mercado interno de açúcar, por exemplo, têm particularidades e demandas fracionadas, e precisam do produto entregue dentro do prazo. A parceria na logística do transporte funciona, então, de forma que o comprador faça a retirada e o carregamento do produto, enquanto a Usina cuida da eficiência na estocagem e expedição, abastecendo o mercado integramente durante 12 meses por ano, independentemente de quebras ou problemas na safra e/ou de produção. Para isso, os setores comercial, agrícola e de produção precisam executar um planejamento muito bem detalhado do que vai ser produzido, considerando condições de armazenagem, movimentação, venda e expedição do produto. Da mesma forma acontece com o etanol. Com esse mesmo planejamento bem detalhado e executado, as distribuidoras vêm retirar o produto de dentro da Usina, que as abastece ininterruptamente durante o ano.

Crescimento em longo prazo, com segurança e garantia, é o que busca a Usina Caeté, assim como buscam todas as empresas, independentemente do ramo em que se encontram. Mas ela está ciente de que quem vai ditar as regras é o consumo. O crescimento da população e do mercado, a entrada de outros países produtores de açúcar e a valorização das *commodities* são ainda fatores que a empresa não conseguiu decifrar ou mensurar.

* Faturamento referente ao ano de 2010.

Exercícios propostos

1. Quais as vantagens do alinhamento de processos na cadeia de valor, mas essencialmente entre os setores operacional, comercial e financeiro?
2. Quais os ganhos proporcionados pela gestão colaborativa e a integração de processos nas organizações?
3. Exemplifique um estudo de caso em que seja possível avaliar as análises entre os modelos de demanda, estoques e finanças, com ganhos para as operações e nível de atendimento aos clientes.

A Gestão de risco no gerenciamento de estoques

8

Objetivos do capítulo

- Explicitar como as organizações podem alinhar-se às novas realidades de mercado, acompanhando as mudanças econômicas.
- Estabelecer procedimentos para alcançar o objetivo estratégico e garantir a competitividade das organizações em um ambiente em que o risco e a incerteza têm influenciado significativamente os níveis de estoques.
- Contextualizar o *trade off* nas opções entre planejar a produção antecipadamente ou processá-la no momento em que é solicitada.
- Apresentar o estudo de caso sobre uma empresa do setor têxtil, tendo como um dos principais desafios o alinhamento entre a gestão de riscos e estoques.

Você está no seguinte item em destaque, conforme o mapa mental proposto:

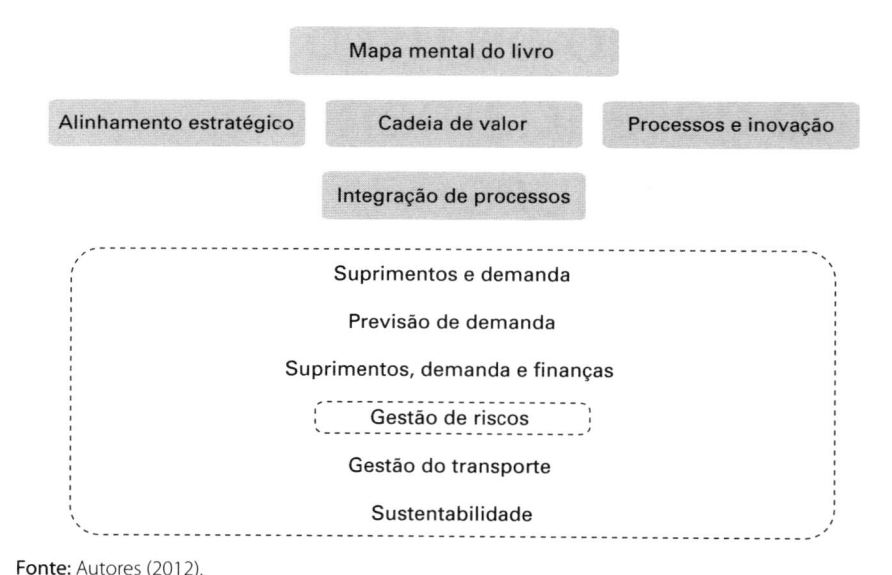

Fonte: Autores (2012).

Figura 8.1 Mapa mental do livro.

Perguntas provocadoras

- Quais os riscos financeiros associados à gestão de estoques?

- Como gerenciar as incertezas e a escassez de recursos em um ambiente competitivo e globalizado?
- É possível parametrizar, por meio de modelos matemáticos, a tomada de decisão gerencial para a gestão de estoques e, consequentemente, minimizar os riscos associados?

Introdução

Toda função de planejamento está inerentemente envolta de diferentes níveis de riscos e incertezas, não sendo diferente para a gestão de estoques. Os fatores que dificultam o planejamento são vários, podendo-se citar as variabilidades nos volumes de pedidos na cadeia de valor e no *lead-time* de fornecimento e as alterações do cenário macroeconômico que influenciam a demanda e tornam mais complexa sua previsão. Em função desses e de outros fatores, foram desenvolvidos modelos de apoio ao processo decisório dos gestores, sendo dois deles apresentados nos casos práticos dos Capítulos 6 e 7, bem como um terceiro neste.

Após o alastramento da crise global, iniciada no setor imobiliário norte-americano e intensificada na esfera de crédito, o que se tem verificado desde 15 de setembro de 2008 é uma onda de crescimento nos volumes de produção estocada, configurando, muitas vezes, um acúmulo excessivo e desnecessário.

Esse aspecto da crise tem significativa influência sobre os setores produtivos, uma vez que, instaurado um novo momento na economia mundial com contornos específicos, as condições anteriores de oferta e demanda já não se encaixam nos atuais padrões, especificamente os padrões de consumo e de modelos de gestão.

Os padrões de consumo têm-se ajustado a algumas restrições decorrentes dos efeitos da crise, como aumento da dificuldade do acesso ao crédito e redução dos prazos de financiamento. A questão que se coloca, então, é buscar entender como as organizações, por sua vez, podem (e precisam) se alinhar às novas realidades de mercado, estabelecendo diretrizes e modelos gerenciais capazes de responder prontamente às mudanças econômicas.

Logo, nesse novo cenário, os gestores se defrontam com riscos e incertezas intensificadas pelo momento econômico mundial e devem, por sua vez, gerenciar essas questões de forma a garantir a competitividade das organizações.

Como esses gestores podem proceder para alcançar tal objetivo em um ambiente em que o risco e a incerteza têm gerado elevações desnecessárias dos níveis de estoques e, consequentemente, expansão dos custos de operação e redução das margens de lucro é a base deste capítulo no conteúdo que se expõe a seguir.

Para fundamentar a dinâmica econômica atual, a Figura 8.2 propõe uma análise sistêmica do mercado.

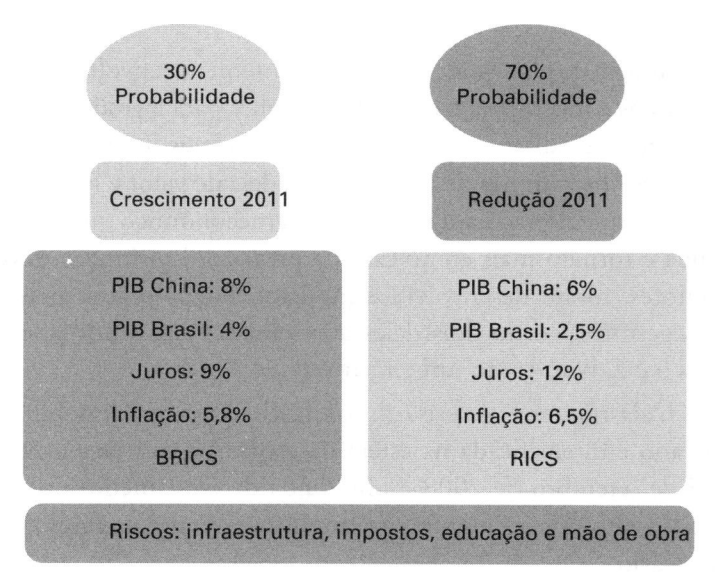

30% Probabilidade	70% Probabilidade
Crescimento 2011	Redução 2011
PIB China: 8%	PIB China: 6%
PIB Brasil: 4%	PIB Brasil: 2,5%
Juros: 9%	Juros: 12%
Inflação: 5,8%	Inflação: 6,5%
BRICS	RICS

Riscos: infraestrutura, impostos, educação e mão de obra

Fonte: Autores (2012).

Figura 8.2 Dinâmica econômica atual.

Analisando-se a Figura 8.2, pressupõe-se que o mercado internacional será afetado pelo desempenho econômico do bloco BRICS[1], uma referência a Brasil, Rússia, Índia e China, destacando-se uma possível desaceleração chinesa, o que, em tese, não seria algo bom para o Brasil, devido à redução das exportações e às reais possibilidades de o processo inflacionário chinês acontecer. Além desses dados, os tradicionais problemas de infraestrutura, impostos, qualidade da educação e riscos políticos podem gerar uma necessidade por inovação na gestão organizacional.

Logo, como gerenciar a cadeia de valor, reduzindo os riscos aparentes e estoques?

---

[1] BRICS = Brasil, Rússia, Índia e China. RICS = Rússia, Índia e China.

Análises econômicas e as suas exigências

O momento atual da economia, após o cenário pessimista prenunciado da mais recente crise mundial, vem demonstrando sinais de uma recuperação duvidosa em função do comportamento e das reações empresariais e governamentais das nações afetadas. Em suma, percebe-se hoje que os países desenvolvidos em termos de economia e infraestrutura têm grandes dificuldades de recuperar-se, principalmente na geração de empregos para a classe trabalhadora ativa. Já os países em desenvolvimento apresentam uma recuperação diferenciada em comparação com as demais nações. Apesar disso, os alertas que continuam se propagando pelo setor produtivo e industrial ainda sugerem cautela.

Analisando os dados da produção industrial do IBGE relativos ao ano de 2009, logo após a crise econômica financeira de 2008, fruto dos resultados negativos dos títulos subprime, percebe-se uma simbiose com o comportamento atual do mercado, evidenciando que ele se comporta de forma similar ao longo dos tempos. Para o ano de 2009, foi registrado um decréscimo de 10% da produção no comparativo de março de 2009 com o mesmo período de 2008, observando-se um aumento de 0,7% da atividade fabril na comparação dessazonalizada de março com fevereiro de 2009, segundo a Tabela 8.1.

Tabela 8.1 Produção industrial por categoria de uso, Brasil – março de 2009.

Categoria de uso	Variação (%)			
	Mês/mês*	Mensal	Acumulado ano	Acumulado 12 meses
Bens de capital	-6,3	-23,0	-20,8	4,9
Bens intermediários	0,3	-13,3	-18,1	-4,3
Bens de consumo	1,3	-1,5	-8,0	-0,9
Duráveis	1,7	-13,4	-22,5	-4,9
Semiduráveis e não duráveis	0,9	2,9	-3,0	0,4
Indústria geral	**0,7**	**-10,0**	**-14,7**	**-1,9**

Fonte: IBGE, Diretoria de Pesquisas, Coordenação de Indústrias (2011).
* série com ajuste sazonal

Outros instrumentos de monitoramento utilizados como "termômetros" dos ânimos dos setores produtivos e do mercado são os chamados índices de confiança, com destaque para aqueles elaborados pela Fundação Getúlio Vargas (FGV) por intermédio das sondagens conjunturais da indústria.

Esses indicadores (Gráfico 8.1) mostram que, após o momento de maior impacto da crise na economia nacional (período que se estende do segundo semestre de 2008 até os dois primeiros meses de 2011), os setores industriais e o próprio mercado voltaram a se estabilizar em uma zona de neutralidade (eixo em torno de 100), isto é, em um cenário não otimista (índice acima de 100), mas tampouco pessimista (índice inferior a 100). A exceção ocorre apenas no setor de bens de capital, que continua sofrendo os reflexos da crise de forma mais intensa, muito em decorrência do elevado custo de aquisição desses bens. Algumas semelhanças aos dias atuais?

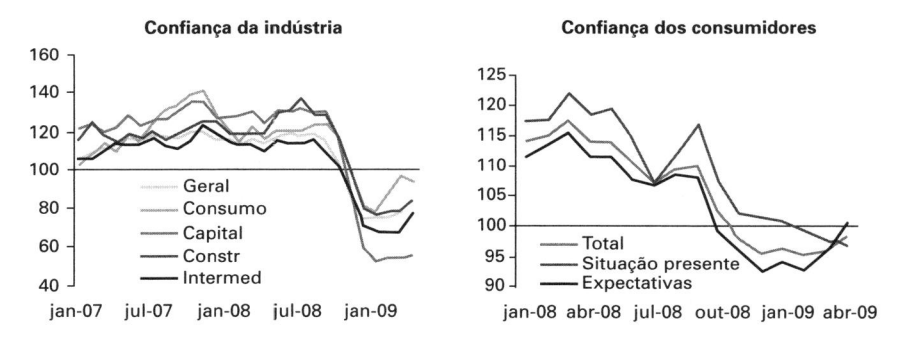

Fonte: MCM (2009).

Gráfico 8.1 Índices de confiança para a indústria e o mercado.

Apesar da aparente estabilização dos ânimos (tanto por parte dos setores produtivos quanto do mercado consumidor), outra questão, entretanto, ainda se coloca como um reflexo agravante das condições operacionais das empresas: a falta de ajustamento nos níveis de estoque, sendo este um questionamento atual para as organizações.

A sondagem conjuntural da FGV destacou que, já a partir dos dois últimos trimestres de 2008, os estoques da indústria em geral se elevaram acima das necessidades reais das empresas e indústrias (Gráfico 8.2), gerando um quadro crônico, no qual uma porcentagem crescente de empresas tem-se queixado da expansão dos níveis excessivos de materiais e produtos estocados.

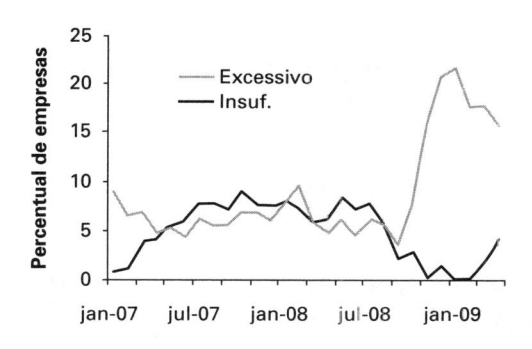

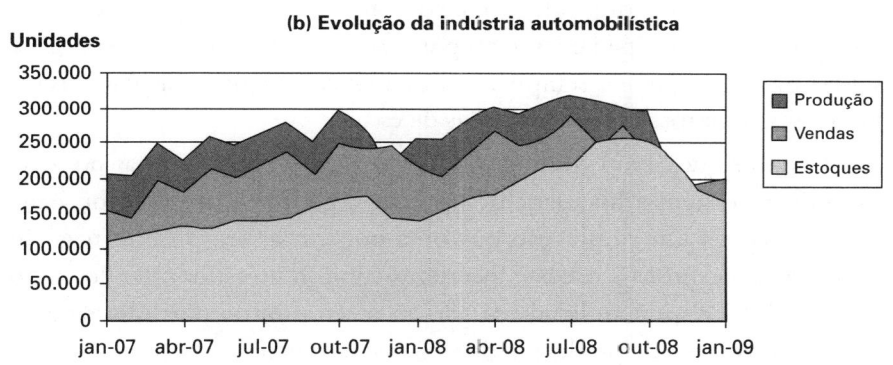

(a) Estoques dessazonalizados

[Gráfico: Percentual de empresas — Excessivo / Insuf. — jan-07 a jan-09]

(b) Evolução da indústria automobilística

[Gráfico: Unidades — Produção, Vendas, Estoques — jan-07 a jan-09]

Fonte: (a) FGV e (b) autores (2012).

Gráfico 8.2 Comparativo da evolução dos estoques.

Quando se observa o caso específico da indústria automobilística (Gráfico 8.2), por exemplo, percebe-se como a manutenção de uma base produtiva (nível de produção/operação) elevada, ainda que acompanhada pelo crescimento das vendas, continuou gerando um acúmulo de estoques de veículos nas concessionárias, segundo dados provenientes da Associação Nacional de Fabricantes de Veículos Automotivos (Anfavea) e da Federação Nacional da Distribuição de Veículos Automotores (Fenabrave).

Os impactos dessa primeira crise do mundo globalizado foram sentidos, sem dúvida, em economias de todo o planeta, porém de formas diversas e com reflexos heterogêneos. As ações econômicas anticíclicas tomadas pelo governo brasileiro, juntamente às medidas de estímulo à venda e ao consumo (como a redução dos IPIs[2] de automóveis e materiais de construção civil),

[2] Impostos de produtos industrializados.

contribuíram, de forma contundente, para a estabilização frente à crise, porém, entre as diversas dúvidas e incertezas que ainda pairam no ar, a principal questão está centrada no ajuste dos níveis de estoque e, consequentemente, no alinhamento do nível de atividade com as novas realidades de mercado.

Planejamento e a previsão de demanda

Todo o processo de planejamento e previsão é inerentemente dotado de um grau de risco variável. Esse é um *trade off* natural pelo qual passam gestores de todo o setor produtivo, pelo simples fato de se optar por planejar a produção antecipadamente ou por processá-la no momento em que é solicitada, o que envolve sempre análises financeiras e de capacidade física, bem como questões sobre economias de escala.

O fato é que, assim como um investidor que opta por entrar no mercado de ações tem a liberdade de elaborar e gerir seu portfólio ou "carteira de ações", um empresário que opta por iniciar seu próprio negócio também está exposto a riscos e incertezas como o investidor, tendo ele (o empresário) a responsabilidade de gerenciar seu próprio portfólio de produtos, seu volume de produção, distribuição e venda.

Para que exista, contudo, um planejamento, é preciso que haja previsibilidade, ou seja, que algumas variáveis sejam passíveis de mensuração, como demanda de mercado, tempo de entrega dos fornecedores, *lead-time* da produção, entre outras variáveis-chave para os setores de produção da economia. Nesse sentido é que se diferenciam riscos de incertezas, notoriamente na capacidade de calcular e atribuir probabilidade ao primeiro.

O planejamento, por sua vez, é dependente da obtenção, processamento e beneficiamento de dados recolhidos e sua posterior transformação em informações e conhecimento empresarial. Quanto a esse aspecto, o valor das informações dentro dos processos de planejamento e previsão é eficiente para um modelo de previsão minimamente adequado.

Para a gestão de estoques, uma das grandes questões que são postas diz respeito à necessidade de manutenção de estoques e quais os níveis adequados de sua utilização. Dentro desse contexto, diversos modelos e filosofias para o tratamento dos estoques, como a metodologia *Just-in-Time* (JIT) e o pensamento japonês de como combater os elevados níveis de estoques, são utilizados para encobrir as ineficiências tanto de produção quanto de distribuição. Esse posicionamento pode atribuir aos estoques um "efeito narcótico", exatamente por se tratar de soluções não definitivas para os problemas de produção/distribuição e que, analogamente aos efeitos dos entorpecentes, tornam seus usuários dependentes de doses cada vez maiores. Ou seja, os estoques acabam por tornar os gestores reféns de níveis de estoque cada vez mais elevados, para que se sintam "mais seguros" sobre a produção/distribuição de sua empresa.

Como a questão do planejamento e controle das atividades empresariais é, por sua vez, dependente de estimativas dos volumes de produção necessários para abastecer o mercado, essas estimativas e previsões serão a base do planejamento de negócios da organização. Para permitir um bom plano de negócio, portanto, é indispensável que tais estimativas sejam bem estruturadas. Existem diversos modelos de previsão, que podem ser agrupados em três categorias (qualitativos, projeção histórica e causais), e cada empresa deve utilizar aquele(s) modelo(s) que mais se adapte(m) à sua realidade, ao horizonte de previsão necessário, aos custos e à complexidade de sua implementação.

Gestão de riscos aplicada na previsão de demanda

Todo planejamento envolve alguma forma de risco ou incerteza, e esse é um fato inerente da atividade gerencial, cabendo aos gestores avaliar e mensurar os impactos de suas decisões em razão dos possíveis cenários paralelos que se estabelecem em função desses riscos/incertezas.

Esses mesmos riscos e incertezas, por sua vez, afetam a previsibilidade do sistema e potencializam a ocorrência de erros nos planejamentos, que são traduzidos muitas vezes em custos para a empresa. Como muitos desses erros refletem diretamente nos estoques e promovem a elevação dos custos, deve-se buscar a excelência no planejamento e nas atividades de previsão, a fim de evitar que se incorra em custos, como falta de produtos no mercado, não atendimento de clientes (redução do nível de serviço) ou mesmo no aumento do giro de estoque em função do acúmulo excessivo de produtos.

Desta forma, o gerenciamento de riscos está diretamente ligado à questão financeira e, portanto, à análise de custos. O caso prático que se segue trata de uma técnica de balanceamento entre os modelos de previsões. A temática financeira/custos será abordada no item posterior.

Caso prático – Têxtil S/A

Para a análise da aplicação prática da gestão de riscos na previsão de demandas, apresentaremos um modelo de ponderação de previsões utilizado por diversos autores relacionados à gestão de operações. Em nosso modelo, a estrutura proposta para avaliar e balancear diferentes técnicas de previsão torna possível analisar as vantagens e desvantagens desse modelo.

Tomando por base a empresa hipotética "Têxtil S/A" do setor de vestuário, que utiliza diversas técnicas de previsão de demanda para planejar sua produção, deseja-se avaliar qual a melhor opção de previsões a seguir para orientar o setor de produção, de forma que se busque minimizar os erros de produção que acabam incorrendo em aumento dos estoques e, consequentemente, na elevação dos custos da "Têxtil S/A".

Tabela 8.2 Comparativo entre volume de venda real e previsões em 2008.

Período	Volume real de vendas	Pesquisa de mercado	Intenções de compra	Projeções de tendência	Diretoria jeans
Janeiro	7.351	6.500	6.200	5.625	7.000
Fevereiro	6.789	6.000	6.500	6.642	7.500
Março	6.985	7.250	7.500	7.658	7.500
Abril	7.025	7.750	7.900	8.275	8.500
Maio	8.044	8.900	8.750	9.092	8.500
Junho	10.554	10.250	12.450	11.709	9.500
Julho	13.978	13.500	14.500	12.726	12.500
Agosto	15.012	14.750	16.500	12.351	15.000
Setembro	8.238	8.500	9.000	10.094	9.500
Outubro	7.091	7.250	8.450	8.836	9.000
Novembro	6.993	7.500	7.500	7.078	8.000
Dezembro	6.846	6.900	7.000	5.321	7.500

Fonte: Autores (2012).

Pelo modelo adotado neste capítulo, são analisadas as vendas de calças jeans da empresa em questão. Esse produto tem suas principais previsões de demanda elaboradas pelos setores de marketing e design da "Têxtil S/A", a saber: (a) pesquisa de mercado, (b) intenções de compra e (c) projeções de tendências. Soma-se ainda a essas três previsões uma quarta, gerada pela diretoria da plataforma de produtos em jeans, constituindo um total de quatro previsões para os meses do ano de 2008 (Tabela 8.2).

Calculando-se as diversas formas de erro entre as previsões e a demanda real para cada período, podem-se perceber os diferentes graus de "acerto" das previsões. Duas formas comuns de cálculo desses erros são: (a) o erro de previsão, calculado em termos absolutos pela diferença entre a demanda real e a prevista (ver Equação 8.1), e (b) erro padrão de previsão, que corresponde a um número relativo de dispersão, ou seja, de amplitude das divergências (Equação 8.2).

$$\text{Erro de previsão} = |\text{demanda real} - \text{demanda prevista}|$$

Equação 8.1 Cálculo do Erro de Previsão.

Cálculo do erro de previsão:

$$Epp = \sqrt{\frac{\sum_t (Dr_t - P_t)^2}{N-1}}$$

Equação 8.2 Cálculo para o erro padrão da previsão.

Em que:

- E_{pp}: erro padrão de previsão;
- Dr e P: são, respectivamente, a demanda real e a previsão para cada período t do intervalo de tempo considerado;
- N: número de período do intervalo de tempo considerado.

Com base nessas informações, é possível calcular os erros absolutos (ou erro de previsão, simplesmente) e médios dos modelos de previsão em torno das vendas reais. Os erros absolutos são calculados por meio da subtração entre a demanda real (vendas efetivas do período) e a demanda prevista, extraindo-se o número absoluto, isto é, em módulo (ou sem sinal de positivo ou negativo) dessa subtração. Os erros médios representam a proporção desses mesmos erros absolutos em relação à demanda real.

A título de exemplo, no mês de janeiro foi observada uma venda real de 7.351 unidades, e a pesquisa de mercado previu venda de 6.500 unidades. Assim, tem-se um erro absoluto (erro de previsão) de 851 unidades para o mês de janeiro. Dividindo-se o resultado encontrado (851) pela venda real do mês (7.351), obtém-se o erro médio para o mês (aproximadamente 11,58%), que representa que se incorreu em um erro de pouco mais de 11% na previsão de vendas nesse modelo (pesquisa de mercado).

As informações contidas na Tabela 8.2 estão representadas no Gráfico 8.3, e a partir delas são calculados os erros médios de cada modelo de previsão. Esse resultado, por sua vez, é representado no Gráfico 8.4.

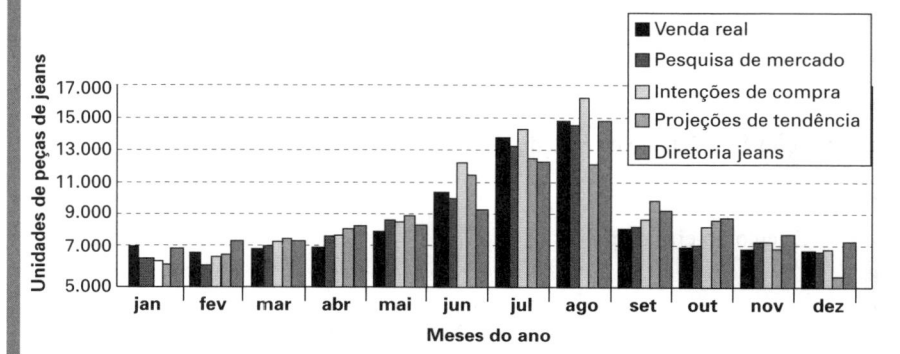

Fonte: Autores (2012).

Gráfico 8.3 Comparativo entre vendas reais e projeções de vendas.

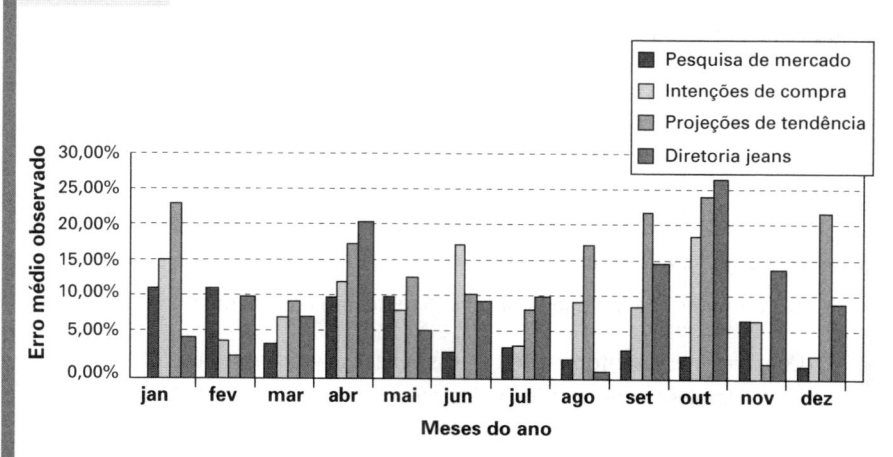

Fonte: Autores (2012).

Gráfico 8.4 Erro médio observado para os modelos de previsão.

Esses erros, tanto absolutos quanto médios, são calculados para compor um cenário que permita que sejam analisados os diferentes modelos, com suas respectivas projeções de vendas, e a amplitude do erro entre o que foi previsto e o que foi efetivamente vendido no período.

Esse cenário servirá como uma base de apoio para se decidir quais modelos adotar para elaborar a previsão de vendas do período consecutivo e como balancear ou priorizar esses diferentes modelos, atribuindo pesos diferentes a cada um.

Cabe ressaltar o estreito vínculo que se estabelece entre as previsões de venda e as ordens de produção, visto que a produção tende a ser puxada em virtude do volume de vendas que se espera ter para um determinado período de tempo. Nesse sentido, ressalta-se o esforço que deve ser dedicado pelas empresas no que concerne à previsão de sua demanda como parte crítica do planejamento de negócio, no campo denominado de previsão de incertezas.

Tabela 8.3 Construção da tabela de análise dos modelos de previsão.

Tipo de modelo	Erro padrão de previsão [a]	Erro total do modelo [b]	Proporção do erro [d]	Inversão [e]	Peso do modelo [g]
Pesquisa de mercado	557	5.512	0,1786	5,5987	0,4149
Intenções de compra	1.033	10.224	0,3313	3,0184	0,2237
Projeções de tendência	1.505	15.124,30	0,4901	2,0404	0,1512
Diretoria jeans	1.098	10.884	0,3527	2,8354	0,2101
Total		**30.860,30** [c]		**13,49** [f]	**1,00**

(a) Erro padrão de previsão calculado com base na equação 1b.
(b) Erro total do modelo calculado a partir do somatório de todos os erros absolutos (erros de previsão) de cada mês (d) Calculado dividindo-se (b) de cada modelo por (c)
(e) Calculado fazendo-se o inverso de (d) de cada modelo, ou seja, dividindo-se 1 para cada (d) dos modelos (g) Calculado dividindo-se (e) de cada modelo por (f)
Fonte: Autores (2012).

O erro padrão de previsão (E_{pp}) e o erro total do modelo são indicadores da mesma variável (dispersão dos erros), porém o E_{pp} indica essa dispersão média por mês, enquanto o erro total exibe a dispersão total do modelo durante o ano. O uso dessa técnica de balanceamento entre modelos de previsão visa permitir aos gestores um melhor aproveitamento de cada um dos seus próprios instrumentos de previsão, ponderando-os a partir da amplitude de dispersão dos erros encontrados.

Assim, pelos resultados encontrados, é possível balancear a previsão de vendas do próximo trimestre a partir dos diferentes modelos e priorizando-os com os seus respectivos pesos calculados anteriormente. O balanceamento encontrado pode ser visto na Tabela 8.4.

Tabela 8.4 Balanceamento da previsão trimestral a partir dos "pesos" dos modelos.

Tipo de modelo	Peso do modelo	Previsão mês 1	Previsão mês 2	Previsão mês 3	Total trimestre	Total trimestre balanceado[a]
Pesquisa de mercado	0,4149	12.000	9.500	8.000	29.500	12.240,66
Intenções de compra	0,2237	13.250	10.100	9.000	32.350	7.236,78
Projeções de tendência	0,1512	10.750	8.750	7.500	27.000	4.083,01
Diretoria jeans	0,2101	11.750	10.000	8.500	30.250	6.356,66
Total						**29.917,10** [b]

(a) O total do trimestre balanceado corresponde ao somatório da previsão dos três meses multiplicado pelo peso de cada modelo.
(b) O resultado final do balanceamento é a soma de todos os totais trimestrais já balanceados, ou seja, o somatório de (a).

Fonte: Autores (2012).

Desta forma, procura-se equilibrar a previsão da empresa, priorizando aqueles modelos que apresentem uma menor participação no volume de erros totais, isto é, aquele modelo com menor margem de erros de previsão tem peso maior na composição da previsão de vendas/demanda final para a empresa, atribuindo-se a ele um "peso" maior para o balanceamento.

Uma ressalva, entretanto, deve ser feita quando se trabalha com a construção de cenários de previsão e incertezas e concerne ao horizonte desse planejamento.

A técnica de balanceamento de previsões apresentada aqui pode ser empregada de diferentes formas em função do horizonte de planejamento que se deseja construir. Por exemplo, pode ser que se deseje fazer uma previsão de venda para o próximo trimestre ou uma previsão de demanda para todo o ano.

Nesse sentido, pode ser estabelecido um *trade off*[3] entre confiabilidade e exatidão dos modelos de previsão que o gestor deve avaliar, optando por aquele que seja mais adequado para sua situação de negócio. Esse *trade off* é (de modo muito simplista) decidir pela linha histórica (horizonte de tempo) que será utilizada na estruturação de seu balanceamento.

Ilustrativamente, caso se deseje elaborar um planejamento para um horizonte de tempo longo, como a previsão anual de vendas de um produto, pode ser que a gerência opte por priorizar a questão da confiabilidade dos modelos de previsão. De modo análogo, se o objetivo da empresa é elaborar uma previsão para a demanda de seus produtos para o próximo trimestre de vendas, pode ser que ela opte pela exatidão dos modelos em um intervalo de tempo menor.

Avaliação de riscos financeiros aplicados nas decisões de produção

Se, por um lado, é de grande importância para o planejamento empresarial a atenção às questões referentes às previsões de demanda/vendas, igualmente válido é a observância dos possíveis impactos dentro do gerenciamento de riscos/incertezas do ponto de vista de custos financeiros.

Nesses casos, é preciso avaliar como os diferentes cenários das previsões de venda/demanda podem influenciar as decisões dos gestores sobre as ordens de produção no que tange, principalmente, às oportunidades de lucros e prejuízos advindas das decisões gerenciais.

---

[3] O *trade off* entre confiabilidade e exatidão refere-se à decisão de se adotar uma base histórica mais extensa ou menos extensa. Ilustrativamente, um modelo que apresenta um peso maior quando se utiliza uma base de dados pouco extensa apresenta nessa base um nível considerável de exatidão de suas previsões, ou seja, apresenta relativamente menos erros. Porém, é possível que, caso se utilizasse uma base mais extensa, esse modelo possa apresentar um agregado de erros maior que outros modelos a longo prazo, ou seja, a longo prazo, pode ser que existam outros modelos mais confiáveis (que apresentem um menor agregado de erros para um intervalo de tempo maior).

Caso prático "Têxtil S/A" – continuação

Dando continuidade à análise estabelecida no caso prático anterior, procura-se agora estabelecer uma avaliação dos riscos sob a perspectiva financeira das tomadas de decisão no setor de produção da empresa hipotética "Têxtil S/A". Essa próxima abordagem será feita na linha de produção em couros, especificamente para a fabricação de jaquetas de couro.

A construção de diferentes cenários será útil na busca de avaliar quais os possíveis impactos financeiros da decisão de produção de jaquetas de couro para o próximo trimestre em função dos riscos de variação na demanda desse produto. Como ferramenta de apoio, será utilizado o Excel para a elaboração de simulações, com o objetivo de acompanhar a evolução da interação entre produção e impacto financeiro.

Para formular essas simulações, são necessárias algumas informações provenientes, principalmente, dos setores de produção e comercial (muitas vezes sinônimos das áreas de marketing e/ou vendas). Essas informações referem-se basicamente aos custos de produção, valores de venda, capacidade de produção e previsões de demanda para as jaquetas de couro. Alguns desses dados foram agrupados (como se pode ver na Tabela 8.5), enquanto a previsão de demanda para o trimestre subsecutivo foi representada no Gráfico 8.5 para facilitar a visualização de sua distribuição.

Tabela 8.5 Principais informações recolhidas junto à área de produção.

Informações de produção	
Custo fixo	R$ 65.000,00
Custo variável	R$ 75,00
Preço de venda	R$ 175,00
Valor residual [a]	R$ 35,00
Capacidade produtiva atual (trimestre)	1.500 unid.
Expectativa de produção p/ trimestre	1.160 unid.

(a) O valor residual é o valor pelo qual as jaquetas que não puderam ser vendidas (ou seja, foram estocadas) pela "Têxtil S/A" são então vendidas a outras empresas, que fazem o tratamento e o beneficiamento dessas jaquetas para o reaproveitamento do couro.

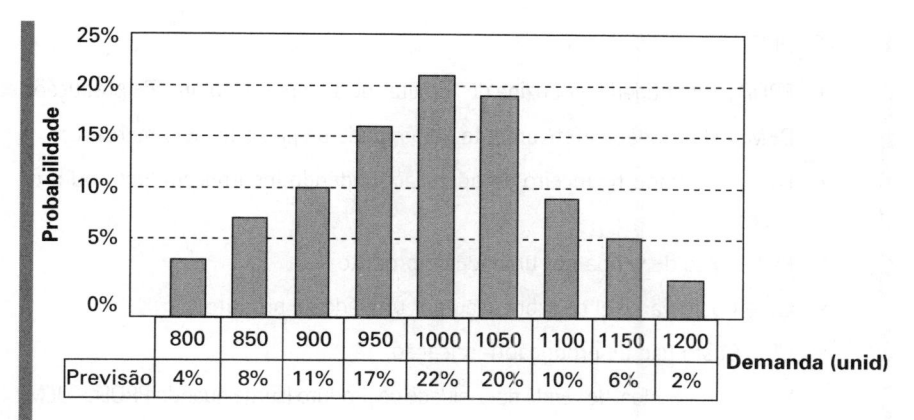

Demanda (unid)	800	850	900	950	1000	1050	1100	1150	1200
Previsão	4%	8%	11%	17%	22%	20%	10%	6%	2%

Fonte: Autores (2011)

Gráfico 8.5 Previsão de demanda por probabilidade de ocorrência (%).

Com base nas informações do Gráfico 8.5, pode-se calcular a demanda média esperada para o trimestre consecutivo ponderando-se a quantidade da demanda esperada pela sua respectiva probabilidade de ocorrência. Esses dados são provenientes de bases históricas associadas a expectativas de mercado futuro e análises macroeconômicas.

De posse desse agregado de informações já é possível começar a elaborar as simulações de possíveis oportunidades de lucro/prejuízo provenientes das decisões de produção, fixando-se a demanda média para o trimestre (média esperada ponderada) e variando-se os níveis de produção.

A partir do Gráfico 8.5, calcula-se então a média esperada ponderada, chegando-se a um resultado de 993,5 unidades. Para fins de simulação, faremos a aproximação dessa demanda para 1.000 unidades. Para o cálculo de lucro/prejuízo é necessário avaliar duas possibilidades: (a) a produção ser maior que a demanda e (b) a produção ser menor ou igual à demanda. Para o primeiro caso, a quantidade de produtos que não for absorvida pelo mercado (não for vendida) é vendida ao seu preço residual para uma empresa que compra as jaquetas para utilização do couro. No segundo caso, toda produção é absorvida pelo mercado e vendida pelo seu preço de venda normal (ver dados na Tabela 8.5).

Desta forma, podemos calcular o lucro/prejuízo da seguinte maneira:

SE PROD <= DEM, então: L/P = PV*PROD − CV*PROD − CF

CASO CONTRÁRIO (PROD > DEM): L/P = PV*DEM + VR*(PROD − DEM) − CV*PROD − CF

Em que:

- PROD = Quantidade produzida de jaquetas pela empresa (volume de produção);
- DEM = Quantidade efetivamente demandada de jaquetas pelo mercado;
- L/P = Resultado financeiro da operação, podendo incorrer em lucro ou prejuízo;
- PV = Preço de venda por unidade de produto;
- CV = Custo variável de fabricação por unidade de produto;
- CF = Custo fixo de produção/fabricação;
- VR = Valor residual de venda por unidade de produto (surge quando PROD > DEM)

Em função de todas essas informações é feita a simulação no Excel, fixando-se a demanda média esperada para o trimestre (1.000 unidades) e variando-se o volume de produção até que se atinja a restrição de capacidade produtiva de jaquetas de couro para o período (1.500 unidades/trimestre). O resultado dessa simulação é transcrito de forma resumida na Tabela 8.6 e representado no Gráfico 8.6.

Tabela 8.6 Resultados obtidos na simulação.

Volume de produção	Lucro ou prejuízo incorrido
700	R$ 5.000,00
780	R$ 13.000,00
860	R$ 21.000,00
940	R$ 29.000,00
1.020	R$ 34.200,00
1.100	R$ 31.000,00
1.160	R$ 28.600,00
...	...
1.500	R$ 15.000,00

Fonte: Autores (2012).

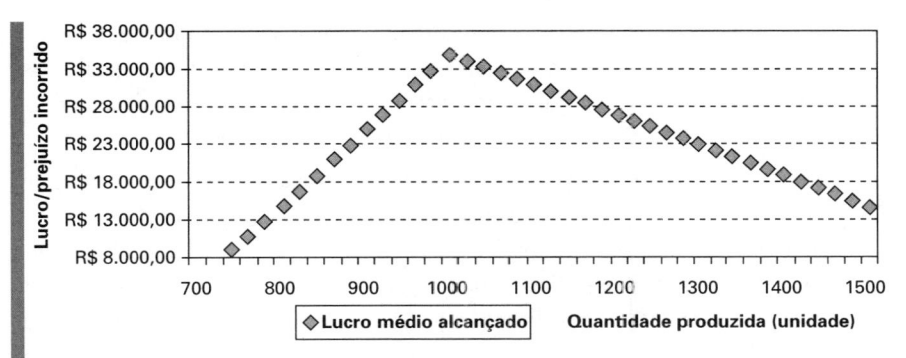

Fonte: Autores (2012).

Gráfico 8.6 Gráfico com os resultados das simulações de lucro/prejuízo.

Analisando os resultados obtidos nessa simulação e comparando-os com a política de produção esperada (expectativa de produção de 1.160 unidades) da "Têxtil S/A" para a linha de jaquetas de couro, chegamos a dois pontos-chave para a gestão de risco do ponto de vista financeiro:

- Primeiro, e mais nítido, existe um ponto em que se alcança um lucro máximo possível em função da demanda e da produção. Esse ponto corresponde ao momento em que a produção se iguala à demanda (1.000 unidades), ou seja, toda quantidade produzida é absorvida pelo mercado pelo seu preço de venda.

- Segundo, existe um ponto em que se obtém um lucro equivalente ao esperado para a expectativa de produção de 1.160 unidades, porém em um nível menor de volume de produção.

- Conforme os resultados da simulação, com uma produção de 940 unidades é possível chegar a um lucro equivalente caso a produção fosse de 1.160 unidades (um lucro médio esperado de aproximadamente R$ 29.000,00).

Logo, em função desses resultados e das observações feitas, alguns questionamentos surgem a respeito de qual seria a melhor política de produção a ser adotada. A constatação a que se chega é que não existe uma resposta autoaplicável para essa questão, pois, tratando-se do campo da probabilidade, não existem fatores determinísticos que nos levem a tomar decisões com certezas e/ou garantias de resultados plenamente previsíveis. Estamos sempre cercados de riscos e incertezas.

Apesar dessa conclusão aparentemente pouco animadora, o fato de não haver uma resposta genérica não implica que não haja uma solução para a questão. Existe, sim, tal solução, mas ela varia conforme a capacidade de exposição da empresa a riscos ou, como se diz mais comumente, sua "aversão a riscos".

Desta forma, os gestores devem sempre buscar avaliar os riscos inerentes às decisões de produção em relação aos possíveis impactos das variações de demandas, além (é claro) de avaliar outros parâmetros de significância em suas decisões, como volume de recursos necessários (não só financeiro, mas de maquinário e mão de obra disponibilizados), valor estratégico do produto para a empresa, características de mercado para o produto (como sazonalidade das vendas, se é um produto inovador/novo no mercado ou se já é consolidado etc.) e questões macroeconômicas em geral. A opção dos gestores por uma ou outra decisão é resultante dessa avaliação de risco e seus condicionantes.

Para calcular os riscos envolvidos em cada uma das três opções de volume de produção (940, 1.000 e 1.160 unidades) que se deseja analisar, foi elaborada uma outra simulação, fixando-se desta vez o volume de produção para as três opções e variando-se a demanda esperada em torno das quantidades previstas (variação de 800 a 1.200 unidades pelas informações constantes no Gráfico 8.5). Os resultados obtidos nessa simulação estão tabelados (Tabela 8.7) e ilustrados no Gráfico 8.7.

Tabela 8.7 Resultado da simulação para produção e demanda.

		Lucro médio obtido para cada nível de produção		
		940 unidades	1.160 unidades	1.000 unidades
Variação da demanda média esperada	800	R$ 9.400,00	R$ 600,00	R$ 7.000,00
	850	R$ 16.400,00	R$ 7.600,00	R$ 14.000,00
	900	R$ 23.400,00	R$ 14.600,00	R$ 21.000,00
	950	R$ 29.000,00	R$ 21.600,00	R$ 28.000,00
	1.000	R$ 29.000,00	R$ 28.600,00	R$ 35.000,00
	1.050	R$ 29.000,00	R$ 35.600,00	R$ 35.000,00
	1.100	R$ 29.000,00	R$ 42.600,00	R$ 35.000,00
	1.150	R$ 29.000,00	R$ 49.600,00	R$ 35.000,00
	1.200	R$ 29.000,00	R$ 51.000,00	R$ 35.000,00

Fonte: Autores (2012).

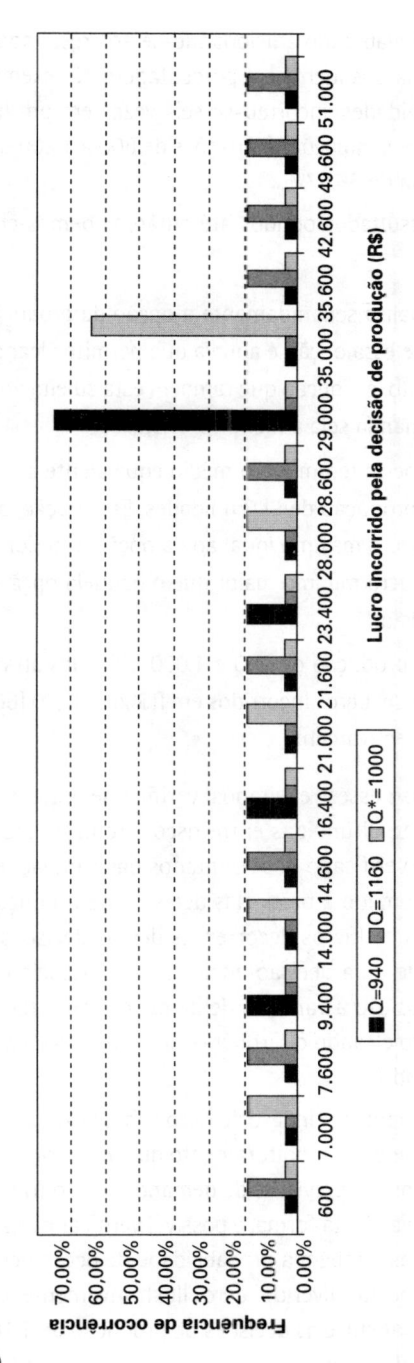

Fonte: Autores (2012).

Gráfico 8.7 Simulação para demanda e lucro.

O Gráfico 8.7 foi elaborado adicionando-se aos resultados da Tabela 8.7 a frequência de ocorrência dos lucros em porcentagem. No exemplo, para o volume de produção de 940 unidades, incorreu-se seis vezes em um lucro de R$ 29.000,00 para um total de nove simulações (variações de 800 a 1.200 unidades), o que representa uma frequência de 66,67%.

Analisando os resultados obtidos até então, podemos chegar a algumas conclusões, a saber:

- Quando se analisa separadamente a opção de produção de 1.160 unidades, verifica-se que essa opção é aquela que permite alcançar o maior lucro possível. Entretanto, é a opção que também está sujeita ao menor lucro registrado caso a demanda seja a menor prevista.

- A opção que permite um lucro médio equivalente à produção de 1.160 unidades é a de produção de 940 unidades. Essa opção, apesar de não permitir alcançar um lucro máximo igual ao da opção anterior (1.160 unidades), está sujeita a um lucro mínimo maior que o daquela opção caso a demanda seja a menor prevista.

- As opções de produção de 940 e 1.000 unidades apresentam concentração na frequência de lucros incorridos em R$ 29.000,00 (66,67%) e R$ 35.000,00 (55,56%), respectivamente.

Tomando por base esses resultados, verifica-se a coerência entre as relações que são intensamente difundidas entre risco e retorno. Esse conhecido *trade off* pode ser facilmente verificado nos resultados das simulações apresentadas neste trabalho. O risco é tomado a partir das decisões de produção e o retorno remete aos diferentes níveis de lucros decorrentes dessas decisões. Quanto maior o volume de produção de uma decisão, maior o risco associado a essa decisão, pois os impactos da exposição à variação de demanda são intensificados, podendo-se gerar um lucro muito elevado ou irrisório, dependendo da demanda efetivamente verificada para o produto.

A fim de complementar a análise de risco sobre as decisões de produção, acrescentamos a esse modelo um monitoramento que incorpora as informações presentes no Gráfico 8.5 sobre as previsões de demanda para o trimestre com suas probabilidades de ocorrência. Desta forma, é possível verificar não apenas a frequência de um nível de lucro, mas também a probabilidade de ocorrência prevista para aquela demanda que originou tal nível de lucro. Ilustrativamente, expõem-se duas comparações, a primeira (a) entre as decisões de produção de 1.160 e 940 unidades e a segunda (b) entre as decisões de 1.000 e 940 unidades, conforme segue no Gráfico 8.8, (a) e (b).

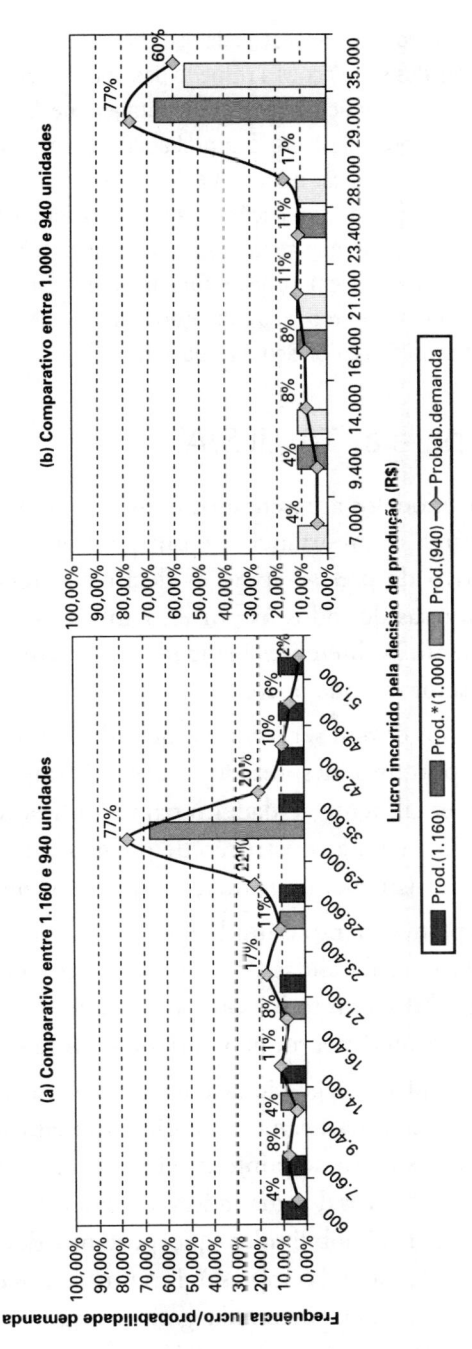

Fonte: Autores (2012).

Gráfico 8.8 Comparativo entre as decisões *versus* demanda.

> Essa adição ao modelo de avaliação de risco permite dar mais solidez às análises sobre os resultados das simulações a respeito das oportunidades de lucros, uma vez que é possível analisar paralelamente a porcentagem de frequência de ocorrência de um determinado nível de lucro e a probabilidade (prevista) de ocorrência da demanda que permite alcançar o lucro médio calculado nos eixos "X" dos gráficos anteriores. Esse conjunto de simulações e avaliações forma o substrato de apoio para que os gestores possam executar suas atividades relacionadas ao processo decisório, de forma mais sistematizada e fundamentada em critérios claros e mensuráveis, permitindo até mesmo uma avaliação posterior dos critérios e parâmetros adotados em diferentes fases de seu planejamento.

Conclusões para a "Têxtil S/A"

Com os dois modelos apresentados neste trabalho, buscou-se evidenciar, principalmente, a importância de um planejamento bem estruturado, com o objetivo de prestar apoio às decisões gerenciais presentes no cotidiano de empresas de todos os portes. Ambos os modelos podem ser adaptados facilmente às diferentes realidades e características de cada tipo de empresa e ao setor em que opere.

Alguns cuidados devem ser tomados quando se trata de planejamento e não devem ser, portanto, desprezados ou ter sua importância minimizada. Isso é fundamentalmente verdadeiro para a utilização de bases históricas (banco de dados) para a construção de previsões de demanda e o próprio tratamento estatístico das informações que irão compor esses dados.

Como todo planejamento é fundamentado em torno dessas informações, garantir a sua confiabilidade é vital para que todo o planejamento possa ser bem-sucedido, pois todo bom produto deve partir de insumos de qualidade. Com o planejamento, não poderia ser diferente.

Quando se trabalha com gestão de estoques deve-se, portanto, dar atenção para a questão do armazenamento e dimensionamento dos depósitos, analisando os estoques tanto do ponto de vista dos materiais físicos associados aos processos produtivos de uma cadeia de valor quanto do ponto de vista de recursos financeiros imobilizados (que, portanto, devem ter seu retorno para a maximização do lucro da empresa). Em função dos diferentes graus de riscos associados à variação na demanda, gerir estoques está constantemente associado não só à gestão de custos/financeiro para as empresas, mas também à própria gestão de riscos inerente à atividade de planejamento.

Exercícios propostos

1. Quais as vantagens de uma correta previsão de demanda? Associe a sua resposta à gestão de estoques e riscos inerentes.
2. Utilizando o Excel, lance novos parâmetros para os dados da "Têxtil S/A" e refaça os cálculos avaliando possíveis riscos e o impacto na perspectiva financeira. Justifique a sua resposta e as suas escolhas.
3. Em função do comportamento atual do mercado, qual a melhor opção: ter ou não ter estoques? Da mesma forma, valeria a pena trabalhar em função da gestão de estoques tradicional ou de acordo com encomendas?

Métodos quantitativos aplicados na gestão do transporte rodoviário

9

Objetivos do capítulo

- Evidenciar a importância da determinação do valor adequado do transporte rodoviário por meio da adoção de métodos quantitativos, contribuindo para uma adequada análise de custos e demonstrando a sua eficiência em relação aos controles usualmente empregados pelas organizações.
- Destacar que, apesar de ser considerada uma atividade-meio em muitas organizações, a gestão do transporte rodoviário é relevante devido à concentração desse modal de transportes para as organizações brasileiras e ao seu custo adequado.
- Apresentar os modelos quantitativos aplicados na gestão do transporte rodoviário, como uma proposta de melhoria para a redução do custo do transporte no orçamento das organizações.
- Apresentar o estudo de caso sobre uma empresa do setor de transporte rodoviário como um modelo de alinhamento para o correto cálculo de fretes.

Você está no seguinte item em destaque, conforme o mapa mental proposto:

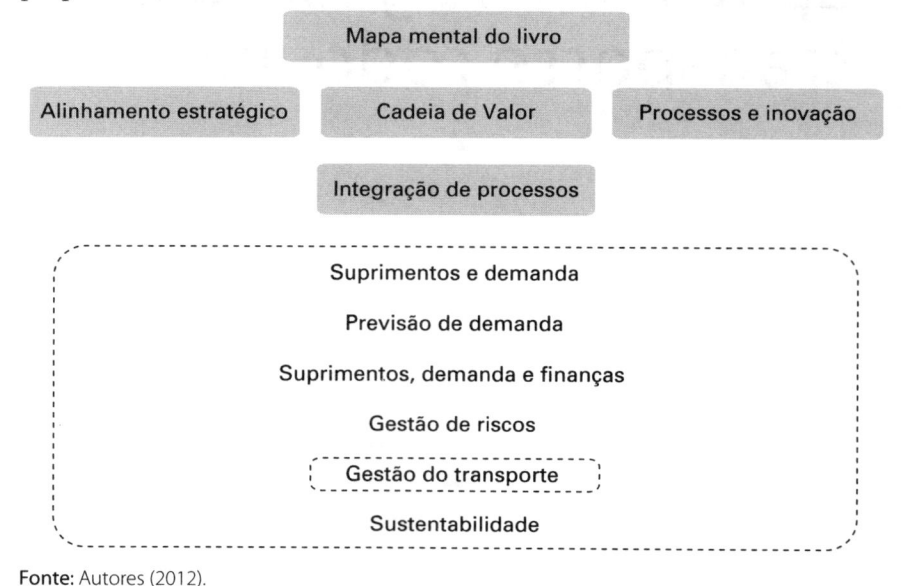

```
                    Mapa mental do livro

Alinhamento estratégico    Cadeia de Valor    Processos e inovação

                    Integração de processos

                    Suprimentos e demanda
                    Previsão de demanda
                    Suprimentos, demanda e finanças
                    Gestão de riscos
                    [ Gestão do transporte ]
                    Sustentabilidade
```

Fonte: Autores (2012).

Figura 9.1 Mapa mental do livro.

Perguntas provocadoras

- Existe um modelo adequado para a gestão de transportes?
- Se a resposta acima for afirmativa, qual seria esse modelo?
- Seria possível estimular as organizações a adotarem uma política adequada de gestão do transporte para, com isso, alcançarem margens adequadas e um transporte mais eficiente?
- Finalmente, qual o percentual do custo do transporte rodoviário no orçamento organizacional?

Introdução

A logística possui as suas atividades básicas, sendo uma delas o setor de transportes. Muitos especialistas argumentam que essa função é passível de terceirização, ainda mais pelo alinhamento estratégico de muitas organizações e pela busca pelo investimento em atividades-fim, e não meio. Uma das principais respostas das organizações vem sendo a busca pela contratação de operadores logísticos quando o custo do transporte rodoviário representa um valor muito elevado, reduzindo as margens do negócio. No entanto, muitas empresas ainda realizam investimentos nessa função, mas não avaliam adequadamente os seus custos, o que gera, consequentemente, uma perda no nível de serviços ofertado ao mercado. Que organização não apresentou atrasos, avarias, acidentes ou perdas devido à contratação do transporte rodoviário?

Logo, o foco deste capítulo está na avaliação da gestão do transporte rodoviário e possíveis ganhos para as organizações, com um modelo adequado para a avaliação de custos fixos e variáveis e por um melhor nível de serviço aos clientes.

Fundamentos para a gestão do transporte rodoviário

O setor de transportes pode ser classificado como o responsável pelo deslocamento de mercadorias e serviços, dados os diversos pontos de origem para vários pontos de consumo. Porém, é preciso entender a dinâmica desse setor na economia, em especial, o do transporte rodoviário, por meio das suas atividades-chave.

Seleção do modal: consiste na escolha dos serviços de transporte adequados às peculiaridades dos recursos materiais a serem escoados. Compreende analisar a matriz de transportes e os fatores de decisão, como tempo de movimentação, volume e peso. Para o setor rodoviário de cargas, a escolha do modal está correlacionada às características operacionais dos caminhões e da carga a ser transportada. Algumas variáveis importantes para a contratação do transporte rodoviário são citadas a seguir:

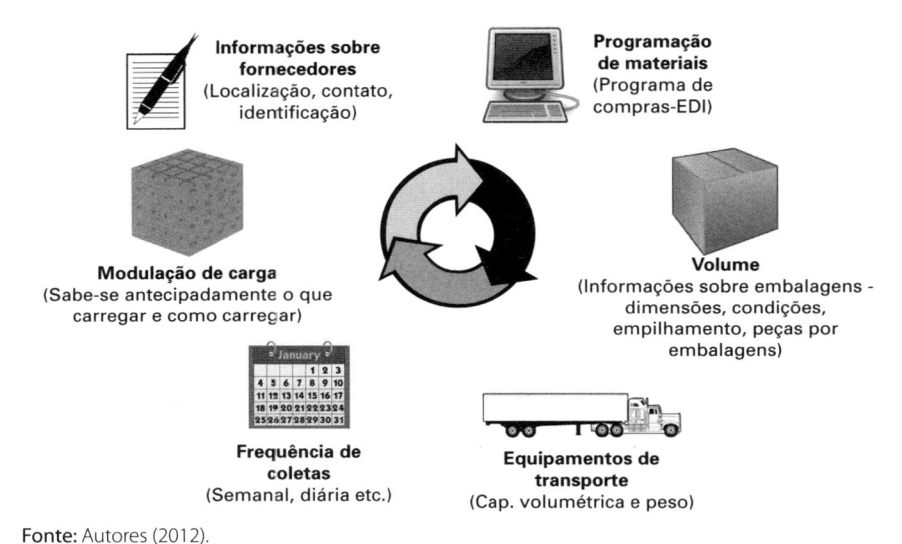

Fonte: Autores (2012).

Figura 9.2 Variáveis para contratação do transporte rodoviário.

Os tipos de equipamento de carga que vale a pena destacar são classificados da seguinte forma:

a) Caminhão *sider*: para operações de entrega e coleta, destacando-se a agilidade desse processo e a demanda dos clientes.
b) Caminhão tanque: para o transporte de derivados de petróleo, por exemplo.
c) Caminhão baú: para o transporte de mercadorias de alto valor agregado, sendo usado, por exemplo, para a entrega de eletrodomésticos para as redes varejistas.
d) Caminhão bitrem: para a movimentação de cargas pesadas e de baixo valor agregado. Como exemplo, pode ser citada a movimentação

de carvão ou minério de ferro, em Minas Gerais, por operadores logísticos para a indústria de ferro-gusa e de mineração.

Historicamente, as melhores fabricantes de caminhões são as empresas alemãs, suecas e americanas, destacando-se a evolução da tecnologia embarcada das empresas brasileiras. Para a movimentação de produtos, destacam-se as seguintes atividades:

Consolidação de Fretes: consiste no aproveitamento máximo da cubagem, objetivando ganhos por aproveitamento de largura, altura, profundidade e peso.

Roteirização: refere-se à capacidade de acompanhamento em tempo real das rotas, da velocidade, do consumo de combustível, do tempo de entrega, entre outros. Existem empresas especialistas no mercado de transportes focadas nesse segmento. Para as empresas de transporte rodoviário de cargas, existem sistemas especializados em roteirização que atuam como apoio para a redução de riscos de movimentação, da possibilidade de sinistros e para a redução dos custos com seguros.

Programação de Veículos: para toda e qualquer empresa do setor de transportes rodoviários de cargas há a necessidade de determinar a rota a ser compreendida, a escolha do modelo de caminhão, o condutor responsável, a carga a transportar, a verificação da documentação para o frete e questões fiscais envolvidas. Uma programação de veículos bem realizada é a garantia de um transporte seguro, respeitando-se as necessidades dos clientes quanto ao tempo de entrega, qualidade e custos envolvidos.

Auditoria de Fretes: trata-se da responsabilidade do condutor de fiscalizar as características atuais e operacionais do caminhão. A auditoria consiste em verificar, por exemplo, as condições mecânicas do veículo, o nível de combustível e do óleo, as condições dos pneus, entre outros, como garantia de segurança para o transporte a ser realizado.

Securitização: consiste na realização de seguros. Atualmente, existem empresas especializadas no mercado que realizam a cotação por rota, modelo de caminhão, empresa responsável pelo frete, carga em movimentação e histórico de sinistros. Realiza-se uma análise de risco para a determinação do valor do transporte rodoviário.

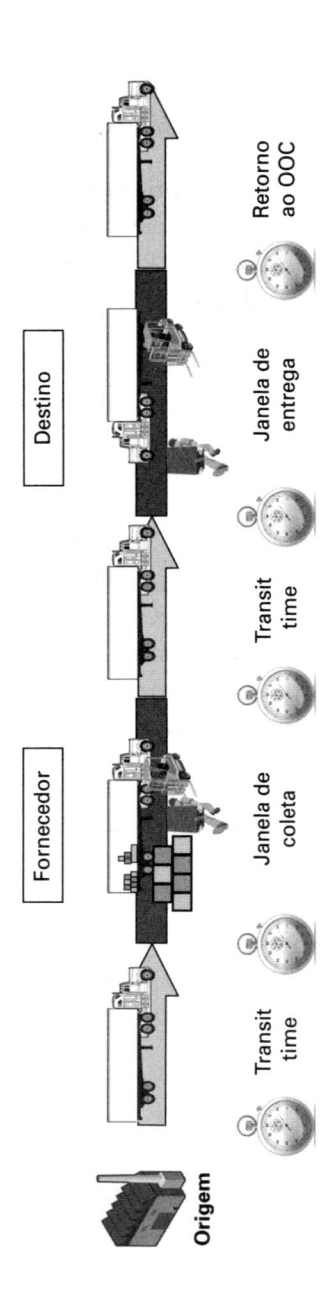

Fonte: Autores (2012).

Figura 9.3 Desenho esquemático do fluxo Milk-Run.

Após compreender as atividades básicas citadas anteriormente, é importante analisar os métodos q uantitativos aplicados na gestão do transporte rodoviário como uma proposta para ganhos por eficiência operacional.

Métodos quantitativos aplicados à gestão do transporte rodoviário

A distância percorrida pelo transporte rodoviário, levando em consideração as origens e os destinos finais, determina o preço final para o cliente. Porém, seria esse o único fator para a gestão do transporte rodoviário? Para Binkley e Harrer (1981), outros critérios podem influenciar na precificação do transporte rodoviário, entre eles:

- Deve-se avaliar a distância percorrida e a rota, sendo um critério importante para o valor do transporte devido aos custos variáveis embutidos e relacionados à quilometragem compreendida.
- É importante levar em consideração os custos operacionais, segundo os critérios de oferta e demanda de cargas, distâncias percorridas, competição entre empresas, as taxas, pedágios, mão de obra, manutenção, entre outros.
- Os transportes com destinos aos portos e às regiões mais desenvolvidas, como os Estados do Sudeste e do Sul do Brasil, podem representar custos menores devido à concorrência entre embarcadores e à possibilidade de retorno para as suas zonas de origem. O valor do frete deve considerar a prestação do serviço nos seus fluxos positivo e negativo. Normalmente, as empresas do setor rodoviário cobrem os custos de retorno, o que explica uma das causas de prejuízo do setor.
- Sazonalidade da oferta e demanda de transportes, levando-se em consideração a capacidade de entrega e o crescimento econômico registrado.
- Os transportadores preferem a adoção de fretes menores do que esperar por atividades de transbordo. Esse fator refere-se à maior agilidade da movimentação de cargas e à possibilidade de registro de lucro nas operações de transportes, em detrimento das rotas de longo curso.
- Cargas de maior valor agregado exigem um valor do frete maior em relação às cargas de menor valor agregado, porém, a exigência das empresas contratantes para a movimentação de cargas de valor elevado correlaciona-se a empresas que tenham frotas com pouco tempo de utilização, seguros, motoristas contratados, entre outros.
- As perdas e avarias para o setor rodoviário são estimadas em US$ 500 bilhões no mundo e, para países em desenvolvimento, em

US$ 100 bilhões. Para o DNIT (2010), esse valor está diretamente relacionado às condições da infraestrutura rodoviária e ao elevado número de acidentes registrados nas estradas. Segundo o Ministério dos Transportes, em 2010, o número de acidentes rodoviários envolvendo o transporte de cargas foi de 120.442.

Somente o Estado de Minas Gerais, que responde por 15% das estradas brasileiras, tem o total de 19,07% dos acidentes, seguido por São Paulo (10,59%), Rio de Janeiro (10,14%), Rio Grande do Sul (9,55%) e Santa Catarina (9,52%). Esses cinco Estados citados respondem por 58,87% dos acidentes rodoviários do Brasil devido à concentração econômica, industrial, da oferta e demanda de transportes em seu território.

Nas estatísticas dos acidentes rodoviários de cargas no Brasil, registra-se que a maior exposição a problemas ocorre em dias chuvosos.

Devido a esses fatores, o Banco Mundial (2010) afirma que o prêmio de risco pago pelas seguradoras é um dos mais caros do mundo.

- Deve-se respeitar os contratos assumidos para o prazo de entrega para evitar as multas contratuais. Logo, optar por empresas especializadas é melhor do que contratar motoristas autônomos, que normalmente trabalham pelo valor hora, com risco de atraso nas operações rodoviárias e aumento no valor dos fretes.
- A conservação das vias pode elevar o custo da manutenção dos veículos, tornando a atividade de transportes lenta ou mais propensa a acidentes. Esses custos estão relacionados indiretamente, conforme citado para o exemplo brasileiro.
- Outros fatores são considerados, como a densidade do transporte, o volume médio da carga transportada, a adoção de seguros, os preços dos combustíveis, salários, terceirização, entre outros.

Portanto, quanto maior a eficiência econômica, maior a produção e a oferta de transportes. Logo, deve-se avaliar adequadamente a gestão do transporte rodoviário, sendo possível o aumento dos benefícios para a economia e clientes.

Métodos quantitativos aplicados

Além dos fatores apresentados acima, as empresas de transporte rodoviário devem levar em consideração os seguintes critérios: depreciação, pessoal, combustível, seguro, manutenção, pedágios, entre outros, segundo Coyle (1994).

A correta adoção das equações para a gestão do transporte rodoviário relaciona-se ao entendimento dos custos fixos e dos custos variáveis. Os custos fixos devem ser definidos como o valor inalterado, independentemente do volume produzido. Observa-se que essa invariabilidade, no entanto, não ocorre de forma absoluta, devido às grandes variações nos volumes produzidos e ao impacto nos valores praticados. Os custos variáveis apresentam os seus valores proporcionalmente alterados quanto aos volumes produzidos.

Para o transporte rodoviário, exemplos de custos fixos são a depreciação, a remuneração do capital, pessoal, seguros, impostos obrigatórios, entre outros. Para os custos variáveis, podem ser avaliados os gastos com combustíveis, óleos lubrificantes, pedágio, manutenção e serviços de limpeza, segundo Coyle (1994).

As equações de custo fixo são:

Depreciação (1):

$$Cdep = \frac{Valor\ aquisição - Valor\ residual}{Números\ meses}$$

Remuneração do capital (2):

$$Cremcap = Valor\ aquisicao * \sqrt[12]{1 + taxa\ anual} - 1$$

Custo administrativo (3):

$$Custoadm = \frac{Custo\ adm\ total}{Número\ de\ veículos}$$

IPVA e seguro obrigatório (4):

$$Custo\ seg./IPVA = \frac{Valor\ anual}{12}$$

Pessoal (5):

$$salários + enc + benefícios$$

As equações de custo variável são:

Pneu (6):

$$\text{Custo pneu} = \frac{npneu * (p1 + nrecap * p2)}{\text{Vida útil}(pneu\ recap)}$$

Em que:

p1 – preço unitário do pneu novo.

p2 – preço da recapagem.

ÓLEO (7):

$$\text{Custo óleo} = \frac{preço * capacidade}{\text{Intervalo}(trocas)}$$

Serviços de lubrificação (8):

$$\text{Custo lub} = \frac{\text{Custo lub}\,r}{Intervalotrocas}$$

Combustível (9):

$$\text{Custo combust.} = \frac{preço\ por\ litro}{rendimento}$$

Manutenção (10): custo estimado por quilômetro.

Pedágio (11): custo estimado por rota.

Custo total da rota (12):

$$\text{Custo rota} = tempo(h) * \text{Custo fixo}(R\$/h) + \text{Distância}(Km) * \text{Custo variável}(R\$/Km)$$

Custo total carregamento (13):

$$\text{Custo carreg.} = \text{tempo car.}(h) * \text{Custo fixo}(R\$/h)$$

Custo total descarregamento (14):

$$\text{Custo descarreg.} = \text{tempo descar.}(h) * \text{Custo fixo}(R\$/h)$$

As equações acima propõem um novo método para as empresas do setor rodoviário, em busca da maximização da sua eficiência, margens adequadas e a possibilidade de atendimento aos clientes com maior nível de serviço.

Conclusões e comentários

O parâmetro para a determinação do transporte rodoviário é o resultado do custo total da rota, sendo ele o somatório das Equações (12), (13) e (14), não obstante o cálculo adequado de todos os custos fixos e variáveis embutidos nessas equações. Observe que essas equações devem ser utilizadas levando-se em consideração as características de cada rota, carga e modelo de caminhão utilizado.

Estudo de caso – Transporte Rodoviário

O setor de transportes rodoviário tem grande relevância para o Brasil atualmente devido à sua representatividade na matriz de transportes, alcançando cerca de 58% do volume de carga. No entanto, diversas empresas vêm percebendo que essa atividade absorve muito do orçamento empresarial e tomando a decisão de reavaliar tais custos, terceirizando essa função.

O estudo de caso proposto refere-se a uma grande empresa do setor no Brasil, que vem conquistando diversas posições na movimentação de cargas e conseguindo um número de contratos satisfatório, uma vez que grande parte do mercado vem optando por serviços especializados. Com 30 anos de atuação no mercado, hoje opera em todo o território nacional, com frota renovada e gestão disciplinada, com foco no controle de custos, na contratação de pessoal qualificado, intensa utilização de tecnologia e nível de serviço de primeiro mundo.

Um dos principais ativos da empresa é a entrega dos produtos no prazo acordado, buscando correlacionar a imagem da empresa a confiabilidade e disponibilidade, uma vez que o transporte rodoviário tem uma péssima imagem no Brasil, segundo um dos diretores entrevistados. Para tanto, a lição de casa refere-se ao gerenciamento diário e constante dos veículos dedicados, das rotas, do comportamento dos motoristas e dos custos, buscando reduzir os valores fixos. Já o setor comercial da empresa tem a missão de vender a disponibilidade real da empresa, com contratos justos e serviços de alto valor.

Há alguns anos, a estrutura da empresa estava dividida em duas unidades: (i) operacional e (ii) comercial. Devido às exigências do mercado, a gestão atual refere-se às seguintes diretorias: (i) operacional, (ii) comercial, (iii) inteligência de mercado e (iv) tecnologia e rastreabilidade. A proposta é garantir alto desempenho, com redução do consumo de combustível, e clientes satisfeitos. Uma das principais tarefas é atrair empresas que hoje possuam frete próprio, mas estejam gastando de forma ineficiente os recursos, desejando movimentar-se mais rápido que os concorrentes. O desafio é vender o serviço e não o transporte rodoviário.

Para atingir esses objetivos, a empresa buscou profissionalizar os seus executivos com cursos técnicos e até mesmo de MBA, mas, essencialmente, aceitou receber recursos de investidores para aumentar a sua capilaridade de mercado para não repetir erros do passado.

Uma série de desafios já está no seu planejamento estratégico, como a redução do custo do frete, devido ao aumento das concorrências rodoviária e ferroviária e ao aumento das exigências dos clientes. Intensa gestão por processos, adoção de indicadores de desempenho por processos e sistema integrado de gestão também constam do planejamento. Além desses fatores, um programa de sucessão dos executivos, que transformará a empresa familiar em empresa profissionalizada, está em curso, permitindo uma nova filosofia de gestão, antes não experimentada.

Exercícios propostos

1. Qual o ganho gerado para as organizações pela aplicação dos métodos quantitativos para a gestão do frete rodoviário?
2. Identifique vantagens e desvantagens da aplicação dos métodos quantitativos propostos, em detrimento do modelo usual de gestão do frete. Justifique a sua resposta.

Gestão de operações e sustentabilidade

10

Objetivos do capítulo

- Apresentar os fundamentos da sustentabilidade, os desafios impostos à gestão de negócios e os conceitos do *Triple Bottom Line*.
- Entender a importância da sustentabilidade em relação à gestão de operações, compreendendo o potencial de diferenciação para as organizações perante o mercado e os serviços oferecidos.
- Apresentar o tema da sustentabilidade com base no lançamento do Relatório da Comissão Brundtland, em 1987, e a sua relevância para os modelos econômicos vigentes.
- Contextualizar a importância da sustentabilidade corporativa em um mundo em constante transformação dos sistemas produtivos e demandas consumidoras, exigindo uma nova mentalidade em relação ao poder de compra das pessoas.
- Apresentar o estudo de caso da Magnesita, como um modelo de alinhamento estratégico entre as suas operações e a sustentabilidade.

Você está no seguinte item em destaque, conforme o mapa mental proposto:

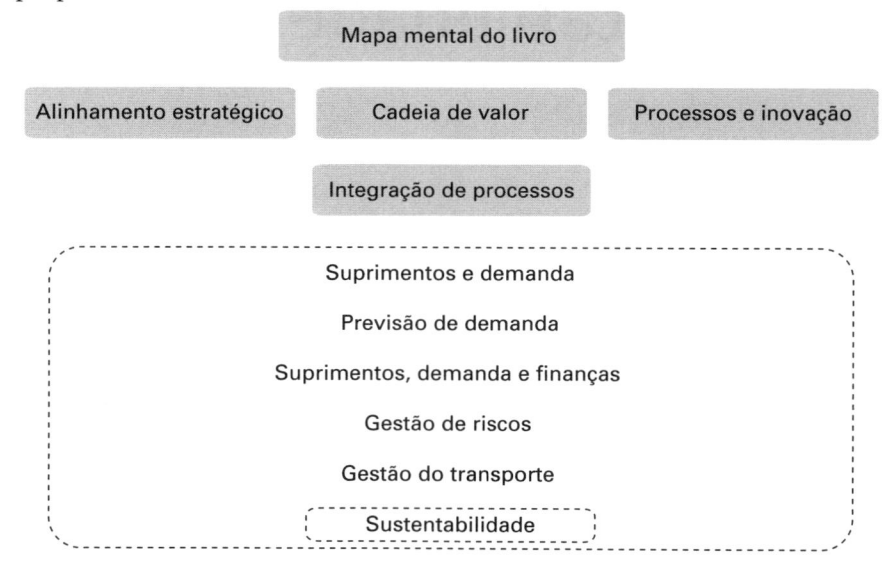

```
                    Mapa mental do livro

Alinhamento estratégico      Cadeia de valor      Processos e inovação

                    Integração de processos

            ┌─────────────────────────────────────┐
            │       Suprimentos e demanda         │
            │       Previsão de demanda           │
            │   Suprimentos, demanda e finanças   │
            │         Gestão de riscos            │
            │        Gestão do transporte         │
            │  ┌──────────────────────────────┐   │
            │  │      Sustentabilidade        │   │
            │  └──────────────────────────────┘   │
            └─────────────────────────────────────┘
```

Fonte: Autores (2012).

Figura 10.1 Mapa mental do livro.

Perguntas provocadoras

- Os modelos organizacionais contemporâneos são sustentáveis?
- Qual o ganho para a gestão de operações se forem adotados os conceitos da sustentabilidade?

Introdução

Sustentabilidade é a palavra do momento, sendo observada a importância do tema em todos os meios de comunicação e nas demandas organizacionais por um planeta, viável. No entanto, o que vem a ser sustentabilidade? Em todo o planeta, os indivíduos clamam por um mundo mais sustentável. Mas, no fim, o que isso significa? Qual a importância do tema?

A discussão acerca da sustentabilidade veio à tona com o lançamento do Relatório da Comissão Brundtland, em 1987, também conhecido como *Nosso futuro comum*. Esse documento emerge no contexto daquela que é considerada a "década perdida", devido às crises econômicas que atingiam, em sua maioria, os países da América Latina. Consequentemente, a fenda que dividia os países subdesenvolvidos dos desenvolvidos se tornava cada vez mais profunda, agravando assim os problemas já existentes de distribuição de renda e desigualdades, tanto no âmbito externo quanto interno dos países. Diante dos problemas econômicos que assolavam a época, a grande questão ainda permanecia: como retomar o crescimento econômico, de forma a se evitar um novo ciclo de crise com um efeito tão devastador?

O *Nosso futuro comum* surge, então, com uma receita para resolver esse problema, ancorando-se basicamente na elaboração do conceito de desenvolvimento sustentável. De acordo com o relatório, a humanidade é capaz de tornar o desenvolvimento sustentável sem comprometer as gerações futuras.

Em linhas gerais, podemos enumerar as grandes transformações introduzidas por esse novo modelo:

- Adoção de um novo conceito para o desenvolvimento, unindo suas dimensões ambientais, políticas e sociais.
- O tema "desenvolvimento" passou a ser qualificado no âmbito social, resguardando-se as questões humanas essenciais.
- O desenvolvimento sustentável pressupõe a cooperação e a competição entre países, Estados e organizações.

Ao longo dos anos, a sustentabilidade – derivação da noção de desenvolvimento sustentável – vem se desdobrando para as mais diversas áreas do conhecimento, inclusive para a gestão estratégica das organizações.

Acredita-se que falar de sustentabilidade é o mesmo que falar de meio ambiente. Não se pode negar que o conceito sustentável tem em sua constituição uma parcela da dimensão do meio ambiente, mas não se pode restringi-lo somente a isso. Ser sustentável está muito além de cuidar das questões ambientais do planeta. Ser sustentável é saber agregar vantagem competitiva às suas ações, resultando assim no bem-estar da geração presente e, ao mesmo tempo, preocupar-se com uma melhor qualidade de vida para as gerações futuras. Sustentabilidade é uma propriedade do todo, não das partes.

Os desafios à gestão de operações

O mundo muda a cada novo instante. Novos produtos são lançados, outros são aprimorados, tudo isso para atender às necessidades fluidas dos indivíduos e do próprio sistema. O que ontem era novo, hoje já não é mais; o que antes era a grande novidade, hoje já foi suplantado. Dentro desse regime de intensas mudanças, as organizações buscam se destacar perante as demais, trazendo ao sistema produtos personalizados, buscando atender assim mercados que se tornam ao longo do tempo cada vez mais específicos. Entretanto, a mentalidade do consumidor também se altera nesse processo, e, buscando a evolução de seus processos e de sua competitividade dentro do mercado, as organizações também devem se adequar a tal mudança comportamental.

O mesmo movimento ocorre no que diz respeito à sustentabilidade. A incorporação dos discursos sobre sustentabilidade vem crescendo ao longo dos anos, principalmente após a ECO 92, que trouxe os elementos necessários para o engajamento efetivo dos governos, das empresas e da sociedade civil em busca do desenvolvimento sustentável. Percebe-se uma alteração do posicionamento das organizações frente a esse cenário de mudanças e a tendência que elas têm de dar um retorno mais responsivo ao desafio da sustentabilidade.

Apesar da grande mobilização por parte do empresariado em se comprometer com a sustentabilidade, essa nova questão se impõe mais como um desafio do que como uma oportunidade para incrementar a agregação de valor competitivo dentro do mercado. Ser sustentável representa ter um projeto de médio a longo prazo, o que, para muitos, pode não ser interessante por não gerar benefícios imediatos. Além disso, falar de sustentabilidade e do papel das empresas para se alcançar esse objetivo é algo que, também para muitos, possui um viés de novidade.

Ter um negócio sustentável e ser sustentável, entretanto, é uma nova exigência do mercado. Aqueles que acharem os caminhos para se diferenciar serão os beneficiados, ganharão seu espaço nos mercados, agregarão valor aos seus processos e à sua competitividade. Para tanto, uma mudança da agenda das organizações deve ser feita, para que todas as dimensões defendidas no conceito de desenvolvimento sustentável possam ser levadas em conta no momento das tomadas de decisão. Para ser efetiva, essa nova visão deve ser estruturada a longo prazo, garantindo benefícios à geração presente e resguardando as futuras.

Ancorando-se nesses pilares, foi desenvolvido em 1997, por John Elkington, o modelo de gestão conhecido como *Triple Bottom Line*. Resumidamente, pois este não é o escopo do capítulo, o *Triple Bottom Line* sustenta que a gestão do negócio não deve se basear somente nas questões econômicas, mas também nas sociais e de meio ambiente, o que acaba por reforçar os laços das organizações com a sociedade e a natureza.

É inegável a ajuda que o modelo oferece para se fazer a mudança do plano de gestão de uma organização. Mas, sozinho, o modelo em si nada consegue alterar. Para que haja a incorporação da sustentabilidade aos objetivos de uma companhia, a mudança de cultura, bem como a interação com as demais esferas da sociedade, é crucial para que o desafio seja superado.

A mudança político-cultural reside na internalização do fato de que todos causam impactos negativos quando tratam de sustentabilidade. O ser humano é o agente com capacidade transformadora, e tal capacidade permite alterar o ambiente em que está inserido. A falta de reconhecimento desse papel significa a imposição de um entrave na busca pela sustentabilidade.

Os desafios político-culturais vão além dessa mudança de comportamento. Em linhas gerais, o sucesso dos negócios a longo prazo depende da área estratégica na qual os interesses da comunidade, do governo, dos fornecedores, dos clientes, do meio ambiente, entre outros, coincidem com os interesses das organizações. Pressupõe-se que haja, portanto, uma aproximação das organizações com os demais segmentos da sociedade, e quanto mais inclusiva for essa interação, melhor. Deve-se tomar cuidado, entretanto, para que, ao realizarem essa aproximação e essa internalização de responsabilidade, as empresas não se restrinjam a atuar em uma área em que os desafios digam respeito apenas a seus negócios.

As organizações, além de serem sustentáveis, devem ser responsáveis. Devem produzir os bens e insumos necessários à sociedade, mas também têm por dever a provisão do bem-estar social, contribuindo para o desenvolvimento social.

Vários outros desafios se colocam diante das organizações na busca pela sustentabilidade. Tratar cada um desses desafios pode ser uma tarefa exaustiva e, por isso, não os abordaremos neste capítulo. Porém, apenas a dimensão político-cultural já nos proporciona os importantes insumos para que possamos começar a entender a complexidade de se adotar um sistema de gestão sustentável dentro da empresa. Faz-se necessária a adoção de um comportamento responsável para lidar com as pressões oriundas da sustentabilidade. Frente a sua enorme capacidade transformadora, o papel designado às organizações é fundamental para o alcance do desenvolvimento sustentável.

Manter um relacionamento direto e aberto com os *stakeholders* e assimilar os interesses deles e das gerações futuras no plano estratégico da organização é mostrar-se comprometido com uma gestão corporativa responsável e sustentável.

Desse modo, a sustentabilidade deve ser encarada pelas organizações como uma estratégia, em vez de um desafio para os negócios. Certamente, é mais inteligente e perspicaz identificar os desafios impostos pela sociedade e pelo planeta às organizações e ao mercado hoje, buscando novas estratégias de negócios para estarmos presentes em um futuro desejado em alguns aspectos e inexorável em outros.

O planejamento de riscos e de oportunidades pode levar uma organização a adotar estratégias que "aproveitem" enquanto os custos não são afetados pelas mudanças que ainda virão, como explorado em capítulos anteriores. Assim, as organizações podem hoje tomar atitudes proativas de inserção de novos processos no seu modelo de negócio. Na medida em que crescem as demandas decorrentes de maior consciência ambiental e justiça social, é certo que as organizações com tal pensamento estratégico se posicionarão em condição competitiva absolutamente diferenciada, garantindo antecipadamente um novo posicionamento no mercado e assegurando bons resultados econômicos.

Estratégia, operações e inovação no contexto sustentável

Ao longo deste livro, buscamos delinear a estratégia, as operações e a inovação como áreas dependentes. Unimos agora esses conceitos com o fenômeno da sustentabilidade e como ele se insere na atualidade. Por ser uma discussão que desenvolveu ramificações e distintas interpretações ao longo dos anos, ressaltamos como a sustentabilidade está presente no mundo dos negócios, adotando a sustentabilidade corporativa como discussão. Foram apresentados os pontos essenciais para que uma organização seja considerada sustentável, e o desafio de sê-lo deve ser encarado como uma oportunidade estratégica para inovar no mercado. Ainda sob esse foco, aborda-se a seguir como a discussão da sustentabilidade emerge dentro do escopo de atuação da gestão de operações para que se possa compreender o potencial que esse processo agrega aos objetivos de uma empresa que busca a diferenciação no mercado.

Primeiramente, faz-se necessário esclarecer que, ao contrário do que muitos pensam, a gestão de operações é um processo com foco empresarial, que objetiva retornos no mercado, e não um processo que foi desenvolvido visando ao alcance da sustentabilidade. Um dos temas com grande relevância para a gestão de operações e a sustentabilidade é a logística reversa. Ou seja, é um processo de cunho empresarial cujo objetivo é agregar algum tipo de valor ou tentar recuperar o máximo de valor possível em um produto que está à margem do mercado.

Tal atitude não invoca os preceitos de sustentabilidade, mas sim uma cultura de redução de custos com busca pelo lucro. Logo, nem todo processo de logística reversa é sustentável. Entretanto, alguns dos processos da logística reversa contêm pressupostos de sustentabilidade em suas prerrogativas, o que é muito legítimo e diferenciado no mercado. Quando isso ocorre, o processo também é reconhecido como "logística verde" ou "logística ecológica".

Logística verde, ou logística ecológica, refere-se a compreender e minimizar o impacto ecológico da logística. Atividades logísticas verdes incluem a medição do impacto ambiental de determinados modos de transporte, a certificação ISO 14.000, redução do consumo de energia das atividades logísticas e redução do uso de materiais.

A logística verde, portanto, surge para oferecer uma alternativa de interação entre as dimensões sociais, econômicas e, principalmente, ambientais na logística reversa. Um dos seus objetivos é mostrar às organizações que, além dos custos dos seus negócios, elas devem considerar os custos externos, que em grande parte são causados por elas mesmas. Sendo assim, a logística verde se preocupa com a logística reversa no manejo dos custos intrínsecos de suas atividades.

Para melhor ilustrar a relação existente entre sustentabilidade e logística reversa, consideremos a recente lei brasileira acerca da problemática dos resíduos sólidos. Em 2 de agosto de 2010 foi sancionado o Projeto de Lei nº 12.300, que institui a Política Nacional de Resíduos Sólidos (PNRS) no território brasileiro. O principal objetivo dessa lei é criar diretrizes gerais aplicáveis em todo território nacional para o manejo de resíduos sólidos. Até então, no Brasil, os Estados e municípios eram os responsáveis pela criação de suas próprias legislações.

Nas duas décadas que antecederam o projeto houve muita discussão sobre ele, principalmente no que diz respeito à conceitualização do que seria considerado resíduo sólido, além de como o material deveria ser descartado e as maneiras de reaproveitá-lo. Para começar a resolver esse problema, fica estabelecida, a partir da PNRS, a obrigatoriedade dos produtores de implementar a logística reversa em sua cadeia de produção.

Os principais destaques da PNRS são:

- Compromisso dos fabricantes com a análise do ciclo de vida do produto, sua produção, utilização pelo consumidor e a responsabilidade pelo descarte e reciclagem das embalagens.
- Obrigatoriedade do tratamento dos resíduos sólidos gerados, ou reaproveitamento destes em novos produtos – art. 7º, § XII, do PL 203/91.
- Responsabilidade compartilhada – o fabricante é responsável pela coleta, destinação e reutilização das embalagens pós-consumo.
- Logística reversa – integração dos três setores da sociedade para o cumprimento da lei por meio de regulamentações e com transparência.
- Próxima etapa da lei – pacto com o 2º setor para um ciclo de produção sustentável, avaliando-se o impacto da fabricação e da operação.

- Aplicação da taxa ambiental – as inovações de produtos sustentáveis terão incentivos fiscais.
- A lei abrange os produtos importados com as mesmas regras dos nacionais.

Nesse processo, os produtores e fabricantes são responsáveis pelo produto mesmo após o fim de sua vida útil. Assim, os fabricantes devem ter plena noção das consequências ambientais de seus produtos quando se transformam em resíduos sólidos.

A proposta da logística reversa, por sua vez, propicia o envolvimento de toda a cadeia de consumo e, por isso, sua implementação deve ser feita de maneira eficiente em todos os setores para que os resíduos sólidos sejam reaproveitados e descartados de maneira correta. A cooperação deve ser expandida do nível micro para o macro: os comerciantes e distribuidores têm o dever de informar os consumidores do processo de logística reversa e sobre os locais onde esses materiais podem ser depositados; os consumidores, por sua vez, devem colaborar com a deposição seletiva do resíduo sólido nos locais identificados pelos comerciantes e distribuidores.

A logística reversa deve, portanto, estar inserida em todos os processos das organizações, mas essa realização no momento operacional pode ser algo extremamente complexo. Os resíduos sólidos são ingratos, logisticamente falando, e é necessário que haja rentabilidade nas fases, pois ninguém trabalha de graça. Devido à grande diversidade de produtos, o retorno acaba sendo inibido. Mas, no fim, alguém tem que pagar por isso, pois, sem rentabilidade, a cadeia de produtos específicos não funciona. Mesmo que evoquemos a participação e engajamento de todos, é necessário criar condições logísticas não gratuitas, o que gera a necessidade de subsídios. Portanto, as soluções devem ser empresariais.

No fim, quem acaba realmente pagando é a sociedade, mas paga pouco. Se todas as empresas se organizarem para realizar a tarefa com sinergia, com todas as suas habilidades logísticas, o processo sai muito mais barato e a sustentabilidade do processo é alcançada.

Os desafios impostos pela sustentabilidade e pela adoção do processo de logística reversa com esses fins vão muito além da dimensão dos custos que são gerados. Como já citado anteriormente, as organizações ainda não reconhecem os impactos das suas atividades no ambiente e, por isso, não tomam a atitude necessária, visto que há falta dessa conscientização. Além disso, a complexidade de se adotar o processo de logística reversa decorre da imensa quantidade de variáveis envolvidas no processo de tomada de decisão dentro das empresas com relação a essa prática, tais como:

- Rentabilidade nas fases.
- Características dos produtos.
- Mapeamento dos processos.
- *Benchmark*.
- Procedimentos operacionais.
- Normas gerais de operações.
- Sistemas de informações.
- Rede de logística reversa.
- Recursos adequados.

Até mesmo a própria PNRS gera alguns aspectos nesse sentido, tais como:

- A segmentação por categorias logísticas dos produtos a retornar;
- Equipes treinadas.
- Análise de mercados.
- A rede de logística reversa e processos mapeados.
- Modais de transporte equacionados.
- Procedimentos operacionais.
- Sistemas de informação.
- Indicadores de desempenho.
- Controle de custos.

Apesar de pontuar os entraves com que as organizações podem se deparar ao implantar a logística reversa, a PNRS contribui e muito com essas diretrizes, que precisam ser todas regulamentadas. A principal delas é a participação da responsabilidade compartilhada. Todos os elos precisam participar. Um exemplo disso é que a PNRS orienta a busca de uma política de inclusão dos catadores, para que eles sejam treinados e habilitados em vários processos. Na realidade brasileira, opta-se por processos mais manuais exatamente para a inclusão social.

Para as empresas, a logística reversa deve ser encarada como um processo estratégico, pois agrega valor, podendo gerar centros de lucro e garantir a sustentabilidade nos três eixos. A logística reversa permite ainda um diferencial competitivo importante, envolvendo os seguintes critérios: (1) retorno de produtos, (2) valor econômico agregado, (3) imagem, (4) aspectos ecológicos, (5) imagem corporativa e (6) atendimento da legislação corrente.

Muito se falou da responsabilidade dos produtores e fornecedores na PNRS, mas o consumidor também tem um papel crucial a desempenhar para que ela seja bem-sucedida. O consumidor, a partir da legislação, não pode descartar os resíduos em qualquer lugar. O vendedor terá que ter essas informações, enquanto o consumidor deverá estar orientado sobre o que fazer com os produtos e resíduos, mas sempre com o pensamento do que pode ser reciclado, priorizando as associações de catadores.

Outra dimensão adotada na PNRS, que é pregada por prerrogativas sustentáveis, é a ideia de hierarquia. Devemos pensar em uma política que incentive a não geração de resíduos. É preciso que revejamos todo o ciclo de vida dos nossos produtos e realizemos uma mudança para a diminuição de resíduos. Deve-se pensar que, depois da redução, o que vem é a reutilização ou a reciclagem.

O que se percebe na legislação da PNRS é que ela se ancora na ideia de responsabilidade compartilhada, e, portanto, todos têm de fazer algo por aquele resíduo que produziu e/ou consumiu. Diante dessa perspectiva, pode-se dizer que o Brasil, ao implantar essa política, deu um grande passo para a incorporação dos discursos de sustentabilidade na dimensão prática. Além disso, a política também inspira uma mudança nos padrões de consumo, já que um dos pilares é a ideia de não produção de resíduos, ou seja, ela não foca apenas naquilo que já foi ou será descartado. A logística reversa, como demonstrado ao longo deste capítulo, desempenha um papel determinante para a devida atribuição de responsabilidades e para garantir que a sustentabilidade seja efetiva.

Considerações finais

Apesar de sua elaboração partir de objetivos distintos, muitos são os pontos convergentes entre logística reversa e sustentabilidade. São processos que podem eventualmente se tornar constituintes. A maior dificuldade para os que lidam com esses processos, entretanto, é conjugar essas duas esferas de forma a agregar valor às suas atividades. Recentes pesquisas feitas em todo o mundo sobre o envolvimento das organizações com os desafios impostos pela agenda da sustentabilidade têm revelado, mais do que ação, um estágio geral de estupefação. Estão todos assustados com os prognósticos catastróficos das mudanças climáticas e da falência dos serviços ambientais. Em meio aos poucos que ainda se negam a aceitar as advertências dos cientistas, algumas organizações conseguem demonstrar uma racionalidade prática e consequente. Mesmo quando se conseguem respostas efetivas aos desafios emergentes da cacofonia política e social, nacional e internacional, raras vezes vislumbra-se a possibilidade de uma solução proporcional ao tamanho dos problemas. E, no entanto, mesmo que a "mobilização" das organizações em torno da sustentabilidade seja evidente, ainda não é muito claro até que ponto esse discurso de comprometimento se reflete na incorporação dos desafios da sustentabilidade à estratégia e gestão dos negócios, nem mesmo como as organizações estão se posicionando em relação a determinados desafios-chave da sustentabilidade.

A falta de conscientização das organizações referente aos impactos de suas atividades deve ser combatida com uma educação focada em ampliar a consciência dos gestores sobre os desafios para a sustentabilidade. Além disso, os governantes devem estabelecer políticas adequadas à valorização, por estímulo ou punição, do posicionamento responsável das organizações frente aos desafios da sustentabilidade.

Portanto, as organizações devem perceber a parceria entre a logística reversa e a sustentabilidade como uma estratégia para aumentar a lucratividade dos negócios, bem como para se posicionar estrategicamente em um mundo caracterizado pela mudança rumo a um mundo sustentável. Aqueles que se adequarem agora, quando as mudanças apenas estão começando, se diferenciarão diante daqueles que deixarem a adequação para quando esta for obrigatória, e não mais opcional.

Estudo de caso – Magnesita

Atuar em uma indústria altamente exploratória de recursos naturais como a mineração e produção de materiais refratários requer uma prática muito bem planejada de responsabilidade ambiental. Não basta cuidar do ambiente antes e durante o processo fabril, é preciso saber como destinar o produto final após a sua utilização. A Magnesita já sabe e prova por que é líder em soluções integradas em refratários: integrou todo o seu processo, da extração à destinação final, com sustentabilidade.

Com uma das maiores e melhores reservas de magnesita, dolomita e talco do mundo, além de outros minerais, como grafita, cromita e argilas, a Magnesita dedica-se à mineração, produção e comercialização de uma linha de 13 mil tipos de materiais refratários, de monolíticos e tijolos convencionais a cerâmicas nobres. Os procutos são utilizados, principalmente, por fabricantes de aço, cimento e vidro para revestir equipamentos que operam em altas temperaturas. A sua capacidade de produção de refratários é superior a 1,4 milhão de toneladas por ano, a terceira maior no mundo, distribuída entre suas 28 unidades industriais e de mineração no Brasil, Alemanha, China, Estados Unidos, França, Bélgica, Taiwan e Argentina.

Líder de mercado em soluções integradas em refratários, nos últimos anos a Magnesita passou a se preocupar com uma importante parte do processo integrado que entrega ao cliente: o descarte dos resíduos de refratários ao final de sua utilização. Então, em 2011, alinhada com a política nacional de resíduos sólidos e comprometida com o meio ambiente, a empresa criou a nova chancela *Magnesita Ecobusiness* e entrou em uma nova fase da indústria refratária sustentável.

Antecipando a nova legislação ambiental, a partir de 2004 a Magnesita passou a construir plantas industriais que aprimorassem o processo produtivo para atender à utilização racional, seguindo a ordem de prioridade de não geração, redução, reutilização, reciclagem, tratamento e disposição final ambientalmente adequada dos resíduos. Também investiu em duas unidades fabris para o processamento desses materiais, com capacidade de produção atual de 5.700 toneladas por mês. Investindo alto em pesquisa de tecnologias sustentáveis e desenvolvimento de metodologias de gestão, logística e processos para promover a destinação adequada dos resíduos refratários, a Magnesita procura atender às políticas vigentes (em dezembro de 2010 entrou em vigor a Lei Federal nº 12.305/2010, que institui a Política Nacional de Resíduos Sólidos), minimizar os impactos ambientais e preservar os recursos naturais. Com o Projeto de Logística Reversa, a Magnesita assegura aos clientes a destinação adequada e a reciclagem dos refratários, de forma a agregar valor ao contrato de fornecimento e aplicação dos seus produtos.

O Projeto de Logística Reversa tem na sua 1ª etapa uma avaliação preliminar, com levantamento dos resíduos de refratários gerados pelos seus clientes, desmonte e segregação das peças. Com o envio de amostras dos resíduos, ocorre a 2ª etapa, de pesquisa e desenvolvimento, quando os refratários usados são caracterizados para que se encontre a destinação adequada de cada um. O resíduo de um determinado material não pode ser transformado no mesmo material novamente, pois ele terá perdido sua capacidade máxima de refração. Ao ser transformado em outro produto, com pesquisa e altíssimo controle de qualidade aplicado, ele estará, mesmo reciclado, pronto para ser utilizado na sua máxima potência. Na 3ª etapa, de transporte, manuseio e processamento, o cliente, que passa a ser "fornecedor" de matéria-prima, precisa assumir a coparticipação na coleta seletiva e envio dos resíduos refratários. Então acontece o processamento, com rigoroso controle de qualidade. A 4ª etapa é de aplicação. Os refratários reciclados são utilizados em produtos de baixa solicitação ou novos insumos. O alto grau de verticalização em matérias-primas da Magnesita possibilita que os reciclados retornem à cadeia de produção substituindo matérias-primas primárias, mantendo-se, dessa forma, a qualidade e a segurança dos produtos refratários. A 5ª etapa é a validação e implantação dos novos produtos em suas destinações finais. Da primeira à última etapa, Magnesita e clientes precisam trabalhar em parceria, de forma que ambos tenham seus objetivos atingidos da forma mais sustentável. Para o cliente, o objetivo é a destinação de resíduos que não lhe interessam mais e dos quais ele precisa se desfazer; para a Magnesita, é a transformação desses resíduos em novos materiais, reiniciando-se o ciclo de um produto sem a necessidade de utilizar matéria-prima extraída da natureza.

A geração estimada de resíduos refratários no Brasil, considerando os segmentos de aço e cimento, é de 65.000 toneladas por ano. Com o programa de logística reversa, a Magnesita está dimensionada para receber e destinar 100% dos resíduos refratários de seus produtos. Somente na América do Sul, a empresa movimenta aproximadamente 6 milhões de toneladas de matérias-primas por ano entre suas operações de mineração, produção de refratários e reciclagem. Atualmente, apenas 0,18% desse volume são rejeitos destinados a aterros licenciados.

Há mais de 10 anos a Magnesita investe em desenvolvimento de tecnologias para viabilidade da reciclagem de resíduos refratários. Além das pesquisas dedicadas à reciclagem, outras inovações ambientais estão na pauta do corpo técnico de pesquisa, como a redução do teor de água, o aumento de performance e a redução e eliminação de compostos perigosos na composição dos refratários.

Com esse projeto, a Magnesita dá um passo além nas práticas de sustentabilidade que já vinha praticando, como a proteção dos entornos das minas, a recuperação anual de 45 mil m² de área minerada, reflorestamento, utilização de filtros para reduzir/evitar a emissão de resíduos na atmosfera, monitoramento da qualidade da água recirculada e programas de educação ambiental internos e junto às comunidades. Isso é parte do entendimento de que a responsabilidade socioambiental da empresa não se dá apenas no início e no andamento do seu processo de produção. Ela deve também responder pelo que é gerado ao final do processo, quando o material, que foi extraído da natureza, processado, entregue ao cliente e bem utilizado, precisa ser descartado. Esse material não pode mais voltar para a natureza, mas pode continuar servindo por muito mais tempo, sendo reutilizado e evitando-se a contínua extração de um recurso não renovável.

O projeto de logística reversa não está completamente finalizado. Muita pesquisa ainda está sendo desenvolvida para que ele seja continuamente aprimorado. Entre os desafios que a empresa encontra pela frente estão a busca constante por conhecer mais profundamente a composição dos produtos para desenvolver cada vez melhores destinações para cada tipo de resíduo, o planejamento cuidadoso da logística das ações e o desenvolvimento de processos de reciclagem para refratários de outras indústrias, como a petroquímica.

Exercícios propostos

1. Por que as organizações deveriam ser sustentáveis e não somente visar o lucro?
2. Quais os ganhos para as organizações ao adotarem os conceitos de sustentabilidade, relacionando o tema estratégia, operações e inovações?
3. O que vem a ser logística reversa? Da mesma forma, quais os ganhos da lei de resíduos sólidos para a sociedade?

Referência Bibliográfica

ALBUQUERQUE, A.; ROCHA, P. *Sincronismo organizacional: como alinhar a estratégia, os processos e as pessoas*. São Paulo: Saraiva, 2007.

ALVARENGA NETO, R. C. D. de. *Gestão do conhecimento em organizações: propostas de mapeamento conceitual integrativo*. 2005. 400f. Tese (Doutorado em Ciência da Informação) – PPGCI, Escola de Ciência da Informação da UFMG, Belo Horizonte, 2005.

ARRUDA, C.; ARAÚJO, M.; MADSEN, F. O Brasil no Global Competitiveness Report 2011-2012. Disponível em: <http://acervo.ci.fdc.org.br/AcervoDigital/Cadernos%20de%20Id%C3%A9ias/2011/C1115.pdf >. Acesso em: 20 jul. 2011.

ARRUDA, C.; ROSSI, A. Criando as condições para inovar. *Dom*, Revista da Fundação Dom Cabral, n. 8, p.37-43 , mar./jun. 2009.

BANCO MUNDIAL. Disponível em: <www.theworlbank.org>. Acesso em: 19 mar. 2010.

BARTLET, C. A.; GHOSHAL, S. *A organização individualizada: talento e atitude como vantagem competitiva*. Rio de Janeiro: Campus, 2000.

BINKLEY, J. K.; HARRER, B. Major Determinants of Ocean Freight Rates for Grains: an Econometric Analysis. *American Journal of Agricultural Economics*, v. 63, n.1, p. 47-57, Fev. 1981.

CASTRO, J. M.; ABREU, P. G. F. Influência da inteligência competitiva em processos decisórios no ciclo de vida das organizações. *Ciência da Informação*, Brasília, v. 35, n. 3, p. 15-29, set./dez. 2006.

CHESBROUGH, H. *Open Innovation. The New Imperative for Creating and Profiting from Technology*. Boston, MA: Harvard Business School Press, 2003.

CHRISTENSEN, C.; RAYNOR, M. E. *O crescimento pela inovação: como crescer de forma sustentada e reinventar o sucesso*. São Paulo: Elsevier, 2003.

CORAL, E.; OGLIARI, A.; ABREU, A. F. de (Org.). *Gestão integrada da inovação: estratégia, organização e desenvolvimento de produtos*. São Paulo: Atlas, 2008.

COYLE, J. J.; BARDI, E. J.; NOVACK, R. A. *Transportation*. St. Paul, MN: West Publishing Company, 1994.

D´AVENI, R. *Hipercompetição: estratégias para dominar a dinâmica dos mercados*. Rio de Janeiro: Campus, 1995.

DAVILA, T.; EPSTEIN, M. J.; SHELTON, R. *As regras da inovação: como gerenciar, como medir, como lucrar*. Porto Alegre: Bookman, 2007.

DEPARTAMENTO NACIONAL DE INFRAESTRUTURA DE TRANSPORTES. Disponível em: <www.dnit.gov.br>. Acesso em: 19 mar. 2010.

DI SERIO, L. C.; VASCONCELLOS, M. A. *Estratégia e competitividade empresarial: inovação e criação de valor*. São Paulo: Saraiva, 2009.

DRUCKER, P. *Innovation and Entrepreneurship*. Nova York: HarperBusiness, 1985.

FREEMAN, C. *Innovation and Long Cycles of Economic Development*. Paper apresentado a Internacional Seminar on Innovation and Development at the Industrial Sector. Departamento de Economia, Universidade de Campinas, São Paulo, 25, 26 e 27 de agosto de 1982.

GOHN e SANTOS (2005).

HARRINGTON, H. J. *O processo do aperfeiçoamento: como as empresas americanas, líderes de mercado, aperfeiçoam controle de qualidade*. São Paulo: McGraw-Hill, 1998.

INSTITUTO BRASILEIRO DE GEOGRAFIA E ESTATÍSTICA – IBGE. Disponível em: <www.ibge.gov.br>. Acesso em: 17 dez. 2011.

INSTITUTO DE LOGÍSTICA E SUPPLY CHAIN – ILOS. Disponível em: <www.ilos.com.br>. Acesso em: 8 nov. 2011.

KAPLAN, R. S.; NORTON, D. P. *Organização orientada para a estratégia: como as empresas que adotam o balanced scorecard prosperam no novo ambiente de negócios*. Rio de Janeiro: Campus, 2000.

LEWIN, A. Y.; VOLBERDA, H. W. Co-evolutionary Dynamics Within and Between Firms: from Evolution to Co-evolution. *Journal of Management Studies*, vol. 40, n. 8, dez. 2003.

LOVELOCK, C.; WRIGHT, L. *Serviços: marketing e gestão*. São Paulo: Saraiva, 2001.

MANUAL DE OSLO. *Proposta de diretrizes para coleta e interpretação de dados sobre inovação tecnológica*. OCDE, 1997, traduzido pela Finep, 2004.

MARANHÃO, M.; MACIEIRA, M. E. B. *O processo nosso de cada dia: modelagem de processos de trabalho*. Rio de Janeiro: Qualitymark Ed., 2004.

MCGONAGLE, J. J. Patterns of Development of CI Units: the Helicon Group. *Competitive Intelligence Review*, primavera 2002.

MCM CONSULTORES. Disponível em: <www.mcm.com.br>. Acesso em: 8 nov. 2009.

PORTER, M. E. *The Competitive Advantage of Nations*. Nova York: The Free Press, 1990.

_____. *Vantagem competitiva: criando e sustentando um desempenho superior*. 24ª ed. Rio de Janeiro: Campus, 1989.

_____. What Is Strategy? *Harvard Business Review*, Boston, n. 6, p. 61-78, nov./dez. 1996.

PRAHALAD, C. K; HAMEL, G. The Core Competence of the Corporation. *Harvard Business Review*, p. 3-15, maio/jun. 1990.

ROSSI A., COZZI, A. A cultura empreendedora como aliada da inovação. *Dom*, Revista da Fundação Dom Cabral, n. 11, p. 25-31, mar./jun. 2010.

ROTHWELL, R. Development Towards the Fifth-Generation Model of Innovation. *Technology Analysis & Strategic Management*, vol. 1, n. 4, p. 73-75, 1992.

SALUM, F.; ANDRADE, R. J. G. de. Os desafios da inovação tecnológica no Brasil. Disponível em: <http://www.fdc.org.br/pt/pesquisa/inovacao/Documents/desafios_inovacao_tecnologica.pdf>. Acesso em: 16 ago. 2011.

SCHUMPETER, J. *Socialism, Capitalism and Democracy*. Londres: Allen &Unwin, 1943.

SIMCHI-LEVI, D.; KAMINSKY, P.; SINCHI-LEVI, E. *Cadeia de suprimentos: projeto e gestão*. São Paulo: Bookman, 2003.

SIMON, H. A. *O comportamento administrativo*. Rio de Janeiro: FGV, 1995.

SUPPLY CHAIN COUNCIL – SCC. Disponível em: <www.supply-chain.org>. Acesso em: 17 dez. 2011.

TADEU, H. F. B. *Gestão de estoques*. São Paulo: Cengage Learning, 2010.

THE ECONOMIST. Disponível em: <www.theeconomist.com>. Acesso em: 17 dez. 2011.

TIDD, J.; PAVITT, K.; BESSANT, J. *Gestão da inovação*. São Paulo: Bookman, 2005.

VIANA, J. J. *Administração de materiais*. São Paulo: Atlas, 2001.

WANKE, P. *Gestão de estoques na cadeia de suprimento: decisões e modelos quantitativos*. São Paulo: Atlas, 2006.

WORLD ECONOMIC FORUM – WEF. Disponível em: <www.weforum.org>. Acesso em: 17 dez. 2011.

Este livro foi impresso na
LIS GRÁFICA E EDITORA LTDA.
Rua Felício Antônio Alves, 370 – Bonsucesso
CEP 07175-450 – Guarulhos – SP
Fone: (11) 3382-0777 – Fax: (11) 3382-0778
lisgrafica@lisgrafica.com.br – www.lisgrafica.com.br